Foto: Hanna Rau

James Krüss wurde 1926 als Sohn eines Elektrikers auf Helgoland geboren. Erst 1948 konnte er, unterbrochen durch den 2. Weltkrieg, sein Examen als Volksschullehrer machen. Die schrecklichen Erlebnisse während des Krieges waren für ihn, wie für andere Autoren auch, der wichtige Grund, Kinderbücher zu schreiben. Unterrichtet hat Krüss als Volksschullehrer aber nie, sondern zog von Schleswig-Holstein nach München, um zu schreiben. Er arbeitete mit seinem großen Vorbild Erich Kästner zusammen, schrieb Beiträge für den Rundfunk und für Zeitungen. Für alle Bücher von James Krüss, der schon in den 60er Jahren zu den bekanntesten und geachtetsten Kinderbuchautoren Deutschlands gehörte, gilt die Grundeinstellung, die er in ›Die Glücklichen Inseln hinter dem Winde‹ (1958) so beschreibt: »Wenn wir auch niemals ganz glücklich sein können auf dieser Welt, so sollten wir uns von der Glückseligkeit doch eine Vorstellung machen. Wir müssen wissen, was das Glück ist, wenn wir es suchen.«
Zu den schönsten Büchern von James Krüss, der deutsche und österreichische Kinderbuchpreise und 1968

den internationalen Hans-Christian-Andersen-Preis erhielt, gehören ›Mein Urgroßvater und ich‹ (1959), ›Timm Thaler oder das verkaufte Lachen‹ (1962) und ›Sommer auf den Hummerklippen‹ (1977).
James Krüss lebt seit vielen Jahren auf Gran Canaria.

Rosi Vogel lebt als Illustratorin in Mönchengladbach. Nach dem Studium der Modegrafik fing sie an, Kinderbücher zu illustrieren und Bildergeschichten fürs Fernsehen zu zeichnen. Am liebsten mag sie verrückte, phantastische, skurrile Geschichten.

James Krüss

Sonntagmorgen-Geschichten

Mit Bildern
von Rosi Vogel

Fischer
Taschenbuch
Verlag

Fischer Schatzinsel
Herausgegeben von Klaus Humann

Veröffentlicht im Fischer Taschenbuch Verlag GmbH,
Frankfurt am Main, Februar 1995

Lizenzausgabe mit freundlicher Genehmigung des
K. Thienemanns Verlag, Stuttgart – Wien

Gesamtherstellung: Clausen & Bosse, Leck
Printed in Germany
ISBN 3-596-80037-4

Gedruckt auf chlor- und säurefreiem Papier

Inhaltsverzeichnis

Pauline ist ein Sonntagskind
Fünf Geschichten von Pauline

Tiere sind auch Menschen
Sechs Tiergeschichten

Seht her, ich bin der Hansel

Drei gereimte und ungereimte
Geschichten vom Hansel

Der Hansel, liebe Kinder,
ist voller Phantasie
und als ein Spielerfinder
beinahe ein Genie.
Er tut, als ob er plötzlich
gewann das Große Los,
und schwindelt ganz entsetzlich;
jedoch er tut's famos.
Drum muß man ihm verzeihen;
denn boshaft lügt er nie.
Man muß sich sogar freuen
an seiner Phantasie.

Bäcker, Koch und Astronaut oder Was Hansel alles werden will

Ich bin der Wünsche-Hansel
und überall bekannt.
Ich habe einen Papagei,
der wird Hans Putz genannt.
Ich möchte, wenn ich groß bin,
so viele Dinge tun;
und was ich alles werden will,
erzähle ich euch nun.

Ein Bäcker will ich werden,
dann gibt es keine Not.
Wer zu mir kommt
 und Hunger hat,
dem geb' ich weißes Brot.
Ich hole von der Mühle
das Mehl in unsere Stadt,

und wenn es sonntags Kuchen gibt,
ess' ich mich daran satt.

Ein Koch will ich dann werden,
der schmeckt und schleckt und rührt,
der Götterspeis, Vanilleeis
und Butterreis probiert.
Dann ess' ich Gans und Pudding
und trinke Saft und Wein.
Und kommt Hans Putz zum Küchentisch,
dann lade ich ihn ein.

Auch Kaufmann will ich werden,
das ist für mich ein Spiel.
Ich kenn' den Preis
von Reis und Mais
und auch von Eis am Stiel.
Hans Putz sitzt an der Kasse,
er rechnet sehr genau
und ruft im Papageienton:
»Eins achtzig, gnädige Frau!«

Wenn ich ein Maler werde
mit einem langen Schopf,
dann brauch' ich dazu Terpentin
und Farben aus dem Topf.
In einem weißen Kittel
vor einer Staffelei
mal' ich in Rot und Grün und Blau
Hans Putz, den Papagei.

Wenn ich ein Doktor werde
(wovon ich was versteh')
und Mumps und Husten heilen muß,
dann tut das keinem weh.
Ich heile und behandle
auch Lunge, Hals und Herz,
und immer billig, immer schnell
und immer ohne Schmerz.

Auch Maurer will ich werden
mit Kelle und Zement.
Dann nehm' ich mich
  vor Kalk in acht,
weil der im Auge brennt.

Ich baue eine Schule,
die schönste in der Stadt,
und viele Häuser, bunt und schön,
für jeden, der keins hat.

Dann will ich Förster werden
in irgendeinem Wald.
Dort schleich' ich mich ans Wild heran
und schieße, daß es knallt.
Doch schaut mir dort ein Rehlein
sehr freundlich ins Gesicht,
dann lass' ich Kugel Kugel sein
und schieße einfach nicht.

Danach werd' ich ein Bauer,
der pflügt und eggt und sät,
der Kühe hat und Pferde hat
und seine Felder mäht.
Dann fahr' ich mit dem Traktor,
dann melke ich die Kuh,
und immer schaut mein Papagei
der Bauernarbeit zu.

Ich will auch auf dem Bahnhof
Stationsvorsteher sein.
Dann fahren alle Züge
erst auf mein Zeichen ein.
Ich trage auf der Schulter
Hans Putz, den Papagei,
und meine Trillerpfeife,
die trillert: Abfahrt frei!

Wenn ich ein Schutzmann werde,
dann lenk' ich den Verkehr
mit Höflichkeit und Pünktlichkeit
und sage: »Bitte sehr!«
Die Sünder, die ich schnappe,
ob Männer oder Fraun,
lass' ich am Sonntagnachmittag
den Kinderspielplatz baun.

Rennfahrer möcht' ich werden
ganz nebenbei, aus Sport.
Bei irgendeinem Rennen
fahr' ich dann Weltrekord.
Ich bau' mir einen Wagen

mit einem tollen Schnitt
und nehm' Hans Putz, den Papagei,
als mein Maskottchen mit.

Auch Fußball-Mittelstürmer
werd' ich ganz nebenbei.
Lauf' ich dann in den Spielplatz ein,
ertönt sofort Geschrei.
Die Leute brüllen: »Hansel!«
Die Leute brüllen: »Tor!«
Und wie man guten Fußball spielt,
mach' ich den Leuten vor.

Doch von Beruf und richtig
werd' ich ein Astronaut,
der sich von vorn und hinten
den alten Mond beschaut.
Hans Putz wird mich begleiten
auf jeder Fahrt ins All.
Dann ist für uns die Erde nur
ein winzig kleiner Ball.

Ja, vieles will ich werden,
weil vieles mir gefällt,
was nützlich ist auf Erden
und wichtig in der Welt.
Zwar bin ich nur der Hansel
mit meinem Freund Hans Putz,
doch wenn zum Hans der Hansel wird,
ist er oft sehr viel nutz.

Denn Träume sind nicht Schäume.
Wer etwas will, der kann's.
Aus Bäumchen werden Bäume,
aus Hansel wird der Hans.
Aus Kindern werden Leute,
aus Steinen wird ein Haus.
Ein Kind, das gute Wünsche hat,
führt sie erwachsen aus.

Annette mit und ohne Mast oder Hansel und die zwei Annetten

In der Nähe des Hamburger Hafens wohnen zwei Kinder, die Nachbarn sind: Annette und unser Hansel. Sie könnten die besten Freunde sein, wenn Hansel nicht so eine Spottdrossel wäre. Immerzu hänselt er Annette. Er vergleicht sie ständig mit einer anderen Annette, und darüber ärgert sich das Mädchen; denn sie findet mit Recht, daß dieser Vergleich blödsinnig ist: Während sie selbst blond ist und ungefähr sechzig Pfund wiegt, ist die andere Annette taubenblau und rot und wiegt zehn Tonnen, das sind zwanzigtausend Pfund.

Während sie gar nicht raucht, raucht die andere Annette. (Sie qualmt förmlich.)

Und während sie selbst Zöpfe hat, besitzt die andere Annette einen Mast.
Hauptsächlich unterscheiden sich die beiden dadurch, daß die eine Annette ein Mädchen, die andere ein Schleppdampfer ist.
Immerhin haben die beiden Annetten eines gemeinsam, und das ist Kapitän Hannemann. Er ist der Kapitän des Schleppdampfers Annette und der Onkel des Mädchens Annette. An ihm liegt es auch, daß beide denselben Namen tragen; denn er hat dem Schiff den Namen seiner Nichte gegeben.
Die Mädchen in der Nachbarschaft beneiden Annette, weil ein Schleppdampfer nach ihr benannt ist. Aber Hansel hat von Anfang an darüber gespottet. (Er ist von Natur ein Spötter; aber er meint es nicht böse.)
»Was ist ein Schleppdampfer im Vergleich zu einem Ozeanriesen?« fragt Hansel. Und er gibt gleich die Antwort: »Eine Nußschale ist er, ein Fingerhut!«

Daß solche dummen Reden Annette kränken müssen, ist klar. »Immerhin«, sagt das Mädchen Annette, »immerhin können Schleppdampfer Ozeandampfer ziehen!« Aber Hansel zieht spöttisch die Mundwinkel nach unten. »Was für Schiffe schleppt euer Dampfer denn?« fragt er. Und wieder gibt er selbst die Antwort: »Apfelkähne schleppt er und Kohlenschuten, weiter nichts!« Und lachend rennt Hansel davon. Annette sieht ihm zornig nach. (Sie kann nämlich sehr zornig werden.) »Dem zeige ich, was unser Schleppdampfer kann!« faucht sie. Dann rennt sie zum Hafen.
Der Hafen ist riesengroß. Da liegen gewaltige Schiffe an den Kais und Brücken. Da stehen lange Lagerhäuser, in die man Kisten trägt und Fässer rollt. Da werden Bananenstauden aus Afrika und Kaffeesäcke aus Südamerika von den Ladebäumen der Schiffe auf die Kais geschwenkt. Da sieht man im dunkelgrünen Wasser Fischkutter und Barkassen, Öltanker und

weiße Passagierschiffe und – Schlepp-dampfer. Wer gute Augen hat, erkennt weit hinten einen Schleppdampfer, der taubenblau und rot ist: Das ist der Schleppdampfer Annette. Aus der Entfernung sieht er wirklich winzig aus. Das findet auch Annette, die vorne an der Mole steht. Aber sie läßt sich nicht entmutigen. »Hansel soll sich noch wundern!« murmelt sie. »Heute nachmittag nimmt Onkel Hannemann mich mit aufs Wasser. Dann sag' ich ihm, er soll den nächsten Ozeanriesen in den Hafen schleppen.«
Leider sind die Wünsche kleiner Mädchen nicht immer erfüllbar. Annette merkt das, als sie am Nachmittag neben Onkel Hannemann im Steuerhäuschen des Schleppdampfers steht.
Übrigens schleppt der Dampfer genau das, was Hansel vorausgesagt hat, nämlich einen Apfelkahn. Darüber ärgert sich das Mädchen. (Denn sie kann sich gewaltig ärgern; aber das sagte ich wohl schon.)

Mit schmeichelnder Stimme sagt Annette: »Onkel Hannemann, ich finde, Apfelkähne sind nicht das Richtige für unseren Schleppdampfer.«

»Wieso das?« fragt der Onkel verblüfft. Aus seiner Pfeife steigen nacheinander drei kräftige Rauchwolken auf. Das bedeutet, daß er vor Erstaunen in die Pfeife gepustet hat, statt an ihr zu saugen.

»Ich finde«, erklärt Annette, »daß unser Schleppdampfer nicht richtig ausgelastet ist!« (Diesen Ausdruck hat Onkel Hannemann selbst einmal gebraucht.)

»Womit wäre er denn ausgelastet?« erkundigt sich der Onkel.

»Mit einem Ozeanriesen, Onkel Hannemann! Wir sollten einen Ozeanriesen schleppen!«

»Geht nicht!« brummt der Onkel. (Seine Pfeife qualmt wieder wie gewöhnlich.)

»Warum geht das nicht?« bohrt Annette. »Schleppdampfer sind doch für Ozeanriesen gebaut, oder nicht?«

»Kann schon sein«, seufzt der Onkel. »Aber trotzdem muß ich schleppen, was mir vor den Bug kommt. Auf das, was ich könnte oder möchte, kommt es nicht an.«
»Worauf kommt es dann an, Onkel?«
»Auf Herrn Wieselbrink, den Schiffsmakler, kommt es an«, stöhnt der Onkel. »Wenn der mir einen Ozeanriesen vermittelt: Schön, dann schleppe ich eben einen Ozeanriesen. Aber wenn er mir einen Apfelkahn vermittelt, dann schleppe ich eben einen Apfelkahn.«
Die Pfeife des Kapitäns stößt gewaltige Rauchwolken aus. Annette merkt, daß dicke Luft ist. Aber das stört sie nicht. Sie stellt auch keine einzige Frage mehr. Sie weiß jetzt, was sie zu tun hat. (Sie ist nämlich sehr hartnäckig. Aber ich glaube, das sagte ich schon.)
Am nächsten Tag steht Annette im Kontor des Schiffsmaklers, der Wieselbrink heißt. Das Kontor liegt an der Brücke vier

im Hafen. Durch das große Fenster sieht man Molen, Kräne und sehr viele Masten.

»Was steht zu Diensten?« fragt Herr Wieselbrink. »Ich möchte, daß uns ein Ozeanriese vor den Bug kommt«, sagt Annette. »Verstehen Sie?«

»Nein«, antwortet der Schiffsmakler.

Annette versucht, es ihm zu erklären: »Wissen Sie, Herr Schiffsmakler, die Annette schleppt immer nur Apfelkähne und nie einen Ozeanriesen. Und darüber spottet Hansel. Und deshalb bin ich hier. Verstehen Sie jetzt?«

»Ich weiß noch nicht«, murmelt der Schiffsmakler. Dann fragt er: «Wer ist eigentlich Annette?«

»Das bin ich«, sagt das Mädchen.

Der Schiffsmakler macht große Augen: »Du willst einen Ozeanriesen schleppen?«

»Aber nein!« Annette lacht so sehr, daß ihre Zöpfe auf und ab tanzen. »Ich kann

doch keinen Dampfer schleppen, Herr Schiffsmakler. Das soll die Annette Nummer zwei tun, unser Schleppdampfer.«
Jetzt lacht Herr Wieselbrink. »Ach so«, sagt er. »Jetzt weiß ich Bescheid: Du meinst Hannemanns Schiff. Das hättest du doch gleich sagen können. Ist er dein Vater?«
»Nein, mein Onkel!« Und nun erklärt Annette dem Makler haargenau, was Hansel für ein ekelhafter Junge ist. Dann bittet sie darum, daß ihr Schleppdampfer endlich einmal einen Ozeanriesen einschleppen darf.
»So einfach ist das nicht!« lacht der Schiffsmakler. Er nimmt ein Stück Papier und einen Bleistift und zeichnet folgendes auf: »Schau her, Annette«, sagt er. »Hier habe ich dir aufgezeichnet, wie man einen Ozeandampfer einschleppt. Dazu sind mindestens fünf Schlepper nötig, zwei hinten und drei vorne. Siehst du?«
Annette sieht sich die Zeichnung genau

an. Das große Schiff in der Mitte ist der Ozeanriese. Die kleinen Schiffe sind die Schleppdampfer. Annette erkennt es sofort und zeigt auf den Schleppdampfer vorn an der Spitze. »Wenn unsere Annette an dieser Stelle fahren könnte«, sagt sie, »das wäre fein!«

»Mal sehen«, murmelt Herr Wieselbrink. (Makler murmeln viel, das gehört zu ihrem Geschäft.) »Mal sehen!« Er holt ein dickes Buch, schlägt es auf und fährt mit dem Zeigefinger eine Seite herunter. Dann hebt er den Kopf und sagt: »Donnerstag nachmittag wird ›König Arthur‹ eingeschleppt. Da können wir die Annette einsetzen.«

Das Mädchen Annette macht ein langes Gesicht. »Donnerstag nachmittag habe ich Schule«, mault sie. »Und Hansel auch. Dann können wir nicht zugucken, Herr Wieselbrink.«

»In welche Schule gehst du denn, Annette?«

»In die Hafenschule.«

»Und Hansel?«
»Der auch. Ich bin in der Klasse 4A, Hansel in 4B.«
»Dann wüßte ich was«, sagt der Schiffsmakler.
»Paß auf, wir machen es so...«
Die beiden stecken die Köpfe zusammen und machen einen Plan. Annette klatscht dabei mehrere Male in die Hände. Danach führt Herr Wieselbrink ein langes Gespräch mit dem Rektor der Hafenschule. Annette darf das Gespräch durch den zweiten Hörer belauschen.
Als der Schiffsmakler den Telefonhörer endlich wieder auf die Gabel legt, fragt er Annette: »Na, wie habe ich das gemacht?«
»Prima!« ruft Annette. »Herzlichen Dank! Hansel wird sich wundern. Ich freu' mich schon auf sein Gesicht. Wenn bloß erst Donnerstag wäre!« Zuerst wundert sich aber nicht Hansel, sondern Kapitän Hannemann. Jahrelang hat er nur Apfelkähne

geschleppt, und jetzt soll er plötzlich einen Ozeandampfer in den Hafen einschleppen, sogar vorn an der Spitze als Schleppdampfer Nummer eins. Er denkt an das Gespräch mit seiner Nichte Annette, und schon stößt seine Pfeife dicke Rauchwolken aus. »Moogen muß ich ihr ummedingt ersählen, daß ich'n Oseanriesen geschleppt hab«, sagt er. (Er spricht etwas undeutlich, weil er die Pfeife dabei im Mund hat.) Aber im Augenblick gibt es wichtigere Dinge als kleine Nichten: Er muß dem ›König Arthur‹ entgegenfahren.
Seine Mannschaft ist klar:
Der Steuermann steht am Steuerrad.
Der Maschinist ist im Maschinenraum.
Die beiden Deckleute stehen am Heck neben der aufgerollten Stahltrosse.
Kapitän Hannemann steht im Steuerhaus und befiehlt: »Volldampf voraus!«
Der Schleppdampfer Annette fährt dem Ozeanriesen ›König Arthur‹ entgegen.
Annette mit den Zöpfen ist am Donnerstag

so aufgeregt, daß sie ihr Herz sogar in den Ohren klopfen fühlt. Auf dem Weg zur Schule trifft sie Hansel.

»Tag, Annette!« sagt der Junge.

Annette denkt: Tu nicht so scheinheilig! Trotzdem sagt sie: »Tag!« Daß sie den Jungen nicht mit seinem Namen anredet, soll eine fürchterliche Beleidigung sein. Aber Hansel merkt es gar nicht. Er erzählt Annette seelenruhig von seiner Angelei am Mittwoch, als ob er das Mädchen niemals bis aufs Blut gekränkt hätte. (Doch Annette vergißt Beleidigungen nicht so schnell. Aber ich glaube, das sagte ich schon.)

Eigentlich hatte sie sich vorgenommen, nichts zu verraten, bis der große Augenblick da wäre. Aber jetzt will die Neuigkeit heraus. Es ist wie beim Schluckauf: Das Schlucken kommt, ob man will oder nicht. Und so hat Annette ihr Geheimnis schneller verraten, als sie geplant hat. Sie sagt: »Unsere Annette schleppt heute einen

Ozeanriesen.« Sie sagt es, so als ob sie sagte: »Wir hatten zu Mittag Hering mit Bratkartoffeln.« Aber ihre Stimme zittert ein bißchen.

Hansel bleibt erstaunt stehen. »Waaas?« fragt er. Er glaubt, seinen Ohren nicht zu trauen. »Eure Nußschale soll einen Ozeanriesen schleppen?« »Mmhm«, sagt Annette. Sie guckt steif geradeaus, und ihre Nasenspitze hebt sich in Richtung Wolken.

Hansel weiß nicht recht, was er jetzt sagen soll. Er fragt vorsichtig: »Wie heißt denn der Ozeandampfer?«

Annettes Nasenspitze hebt sich höher: »König Arthur!«

Jetzt ist Hansel verwirrt. »Der ›König Arthur‹ läuft heute wirklich ein«, sagt er. »Ich habe es in der Zeitung gelesen. In der Spalte über ein- und auslaufende Schiffe.«

»Zweifelst du etwa an meinem Worte?« fragt Annette. (Sie redet wie in Filmen, die sie gesehen hat.)

Dann trennt sie sich von Hansel, denn sie sind vor dem Schultor angekommen. Aber als Annette die Stufen hinaufsteigt, ruft Hansel ihr nach: «Du schwindelst! Du weißt genau, daß ich in der Schule bin, wenn der Dampfer eingeschleppt wird. Dann kann ich es nicht sehen. Und was ich nicht sehe, das glaube ich nicht.«
»Dann glaubst du auch nicht an deinen Verstand«, sagt Annette über die Schulter. Und schon ist sie verschwunden.
Hansel ist platt. Verblüfft. Außer sich vor Erstaunen. Das hat er bei Annette noch nicht erlebt. Sonst ist sie immer blaß vor Wut, wenn er über den Schleppdampfer spottet. Aber heute ist sie ganz ruhig und benimmt sich wie die Königinmutter von Afghanistan. »Es muß etwas dran sein an ihrer Behauptung«, denkt Hansel. »Ich muß nachprüfen, ob ihr Schleppdampfer wirklich den ›König Arthur‹ einschleppt. Aber vom Klassenzimmer aus kann ich es nicht sehen.«

Hansel denkt nach. (Denn er ist ein Junge, der überlegt handelt.) Dann kehrt er der Schule den Rücken und beschließt, den Unterricht zu schwänzen. Er rennt zum Hafen.
Annette ist im Naturkundeunterricht so unaufmerksam wie selten. Als die Lehrerin sie aus heiterem Himmel fragt, wo die Frösche leben, sagt das Mädchen: »Im Hals.«
Natürlich brüllt die Klasse vor Lachen, sogar die Lehrerin kann ein Zucken ihrer Mundwinkel nicht unterdrücken.
Aber zum Glück wird das Mädchen in eben diesem Augenblick aus seiner peinlichen Lage erlöst: Der Rektor betritt das Klassenzimmer und eröffnet der Klasse, daß sie zu einer Hafenbesichtigung gehen dürfe. Der Schiffsmakler Wieselbrink habe sich liebenswürdigerweise bereit erklärt, den Klassen 4A und 4B die nötigen Erklärungen zu geben. Jetzt ist die Reihe an Annette zu lachen. Aber sie verbeißt es sich.

Sie ist viel zu gespannt auf Hansels Gesicht.
Die beiden Klassen 4A und 4B werden gemeinsam zum Hafen geführt. Aber Hansel ist nicht dabei. Annette hat ein schlechtes Gefühl im Magen, so als ob sie zuviel Karussell gefahren wäre. »Was ist los mit Hansel?« denkt sie. »Wo ist er? Wir sind doch zusammen zur Schule gegangen? Wenn Hansel nicht sieht, daß die Annette den ›König Arthur‹ einschleppt, war alle Mühe umsonst!« Auf dem langen Weg grübelt Annette, was geschehen sein könnte. An der Brücke vier steht Herr Wieselbrink, der Schiffsmakler, schon bereit. Als er Annette sieht, kneift er ein Auge zu und schmunzelt. Aber Annette schmunzelt nicht zurück; sie ist enttäuscht. (Sie kann nämlich maßlos enttäuscht sein; aber das sagte ich wohl schon.)
Plötzlich jedoch fühlt sie ihr Herz wieder in den Ohren klopfen: Hart am Wasser steht ein Junge und starrt in den Hafen. Es ist

Hansel. Gleich darauf sieht Annette, wie Hansels Lehrer dem Jungen von hinten auf die Schulter tippt. Hansel fährt erschrocken herum.
»Das schadet ihm gar nichts!« denkt Annette. »Schulschwänzer haben Strafe verdient!« Aber leider sieht sie auch, daß Herr Wieselbrink zu dem Lehrer getreten ist und ihm irgend etwas erklärt. Anscheinend ahnt der Schiffsmakler, was los ist, und erfindet eine Entschuldigung für Hansel. Das findet Annette unnötig und sogar ein bißchen ärgerlich; dann aber sieht sie durch das Gitterwerk eines Kranes ein großes Schiff in den Hafen fahren, das von fünf Schleppdampfern bugsiert wird. Vorn sieht man drei Schleppdampfer, hinten zwei. Da ist Annette schlagartig allerbester Laune. Sie läuft sogar auf die Brücke und stellt sich in die Nähe Hansels, der mit einem blauen Auge davongekommen ist.
Genau in diesem Augenblick wird der

Ozeandampfer in seiner vollen Größe sichtbar. Herr Wieselbrink, der Schiffsmakler, beginnt mit seinen Erklärungen.
»Achtung!« ruft er. »Der Ozeandampfer ›König Arthur‹ fährt ein. Er kommt direkt aus New York mit eintausendvierhundertunddreißig Passagieren an Bord. Er wird von fünf Schleppdampfern eingeschleppt.«
Lehrer und Kinder haben sich bei Herrn Wieselbrinks Erklärung dem offenen Hafen zugewandt. Sie staunen, daß fünf Dampferchen einen solchen Riesendampfer fortbewegen können.
Herr Wieselbrink erklärt weiter: »Unseren besten Schleppdampfer haben wir vorn an der Spitze eingesetzt. Der Kapitän heißt Hannemann, und der Schlepper ...« (jetzt sagt Herr Wieselbrink das, was er mit Annette abgemacht hat) »... und der Schlepper ist nach der kleinen Nichte des Kapitäns ›Annette‹ genannt.«

»Und Annette bin ich!« ruft eine vor Aufregung dünne Stimme.
Alle Köpfe fahren herum. Vierzig Augenpaare sehen Annette an. Aber das Mädchen interessiert sich nur für zwei Augen, nämlich für die von Hansel. Auf diesen Augenblick hat sie tagelang gewartet. Jetzt will sie sehen, was Hansel für ein Gesicht macht. Aber was sie sieht, erstaunt sie: Hansel ärgert sich gar nicht. Er strahlt. Er sagt: »Mensch, Annette, eure Nußschale schleppt einen Ozeandampfer! Respekt!«
Da merkt Annette zum ersten Mal, daß Hansel gar kein so ekelhafter Junge ist, wie sie bisher geglaubt hat. Er freut sich tatsächlich genauso wie sie.
Von diesem Augenblick an hat das Mädchen eine viel bessere Meinung über ihren Nachbarn, und so kommt es, daß die Nachbarskinder Annette und Hansel an einem Donnerstagnachmittag an der Brücke vier in Hamburg die allerbesten Freunde

geworden sind. (Annette kann nämlich, wenn sie will, die Freundlichkeit in Person sein; aber ich glaube, das sagte ich schon.)

Die Reise nach Rom oder Hansel zog das Große Los

Hansel hat im Spiel gewonnen,
Hansel zog das Große Los.
Hansel hat sich nicht besonnen.
Hansel packt und gondelt los.

Hansel will –
  das ist nicht dumm –
reisen, reisen rundherum.

Also rattert Hansel munter
mit dem Bruder in die Stadt.
Hügel rauf und Hügel runter
braust das rote Motorrad.

Doch sie rasen ungebührlich,
denn sie geben zuviel Gas.

Also landen sie natürlich
auf der Nas', und zwar im Gras.

Zwar – ihr Herz sitzt in der Büx,
doch passiert ist beiden nix.

Hansel sagt: »Warum sich zieren?
Schließlich ging die Sache gut.
Und es kann soviel passieren,
wenn man eine Reise tut!«

Immerhin – jetzt geht's bedächtig
weiter bis nach Altona
zu dem Dampfer, weiß und prächtig,
mit dem Namen »Clivia«.

Hansel sagt vergnügt ade,
steigt aufs Schiff und sticht in See.

Hansel sitzt nun sehr gemütlich
auf dem Liegestuhl an Bord,
und der Dampfer trägt ihn friedlich
übers große Wasser fort.

Aber plötzlich, aber plötzlich
kommt ein Sturm, du lieber Schreck.
Unter Hansel – wie entsetzlich –
rutscht der Boden plötzlich weg.

Außerdem – wie kommt denn das? –
wird der Hansel pudelnaß.

Laß das Wetter ruhig tosen!
Lieber Hansel, sei kein Kind!
Mach's genau wie die Matrosen:
Halt die Nase steif im Wind.

Tüchtig essen, richtig schlafen
hält dich wacker, hält dich stramm.
Und du bist ja bald im Hafen,
bist ja bald in Rotterdam.

Überm Rand vom Ozean
siehst du schon den Hafenkran.

Hansel hat die Seefahrt heiter
überstanden, Gott sei Dank!

Mit dem Fahrrad fährt er weiter,
immer am Kanal entlang.

Fröhlich tritt er die Pedale,
denn die Sonne lacht so sehr,
und die Angler am Kanale
sagen höflich: »Dag, Mijnheer!«

Holland liebt seit alter Zeit
Fahrradfahr'n und Höflichkeit.

Bald sieht Hansel, sehr verwundert,
Amsterdam, die alte Stadt;
denn hier fahren neunzehnhundert-
neunundzwanzig Leute Rad.

Pastor, Lehrer und Minister,
Königin und Hoffriseur,
Bäcker, Kaufmann, Schmied und Küster,
alle radeln hin und her.

Hansel hat die Nummer A
neunzehnhundertdreißig H.

Karten lösen, Reisen machen
kann der Hansel nun bereits.
So ergreift er seine Sachen
und fährt weiter in die Schweiz.

In dem D-Zug FD achtzehn
sitzt er müde, sitzt er stumm,
denn der Zug fährt durch die Nacht hin:
Rattertatter – rummelbum.

Wagen vier fährt ohne Licht,
darum sieht man Hansel nicht.

Hansel hat die hohen, spitzen
Schweizer Berge wirklich gern,
doch bestaunt er sie im Sitzen
in der Schweizer Hauptstadt Bern.

In dem Sessellifte hockt er,
er sieht nahe, er sieht fern.
Voll Vergnügen schaut und guckt er
auf die Berge und auf Bern.

Schwebend unterm Himmelszelt,
ruft er: »Mir gefällt die Welt!«

Aber beim Hinunterschauen
faßt ihn doch ein Schwindel an,
denn die Sessel an den Tauen
schaukeln plötzlich dann und wann.

Hansel fährt darum auf Rädern
weiter südlich. Mit dem Bus.
Und das Schaukeln und das Federn
macht nun Freude statt Verdruß.

Doch gefährlich ist's im Bus,
wenn man in die Berge muß.

Hansel hat sein Brot mit Schinken
auf dem Berge fast verschluckt,
als er von dem Platz zur Linken
seitwärts in die Tiefe guckt.

Solche Schluchten, tief und schaurig,
gibt es nicht bei ihm zu Haus.

Deshalb steigt er gar nicht traurig
an der Haltestelle aus.

Steht man fest auf Felsgestein,
werden alle Ängste klein.

Oben auf dem Bergesgipfel
ist die Welt ein weiter Saal.
Und vom allerhöchsten Zipfel
rinnen Wasser in das Tal.

Von dem hohen Gipfelhorne
schäumt das Wasser beiderseits:
Nach Italien fließt es vorne
und nach hinten in die Schweiz.

»Wasserscheide«, sagt man hier.
Lieber Hansel, merk es dir!

Abwärts geht's auf festen Achsen
nach Italien hinein,
wo die süßen Feigen wachsen,
die Melonen und der Wein.

Pampelmusen und Melonen
reifen schon am Bergessaum.
Apfelsinen und Zitronen
hängen bunt im grünen Baum.

Bald schon grüßt von ferne Rom
mit dem Dach vom Petersdom.

Hansel steht in Rom am Bahnhof,
schaut sich um und ist ganz platt,
weil fast jeder Italiano
einen Motorroller hat.

Hansel leiht sich einen Roller,
setzt sich drauf und fährt ihn an.
Doch der Roller rast viel toller,
als der Hansel lenken kann.

Auf dem Markt beim Magistrat
macht der Hansel Fruchtsalat.

Hansels lange, lange Reise
ist nach diesem Unglück aus.

Er reist heim auf feine Weise,
denn er fliegt von Rom nach Haus.

In der Tiefe sieht er Berge,
Täler, Dörfer und den Rhein,
und die Menschen, klein wie Zwerge,
gehn herum im Sonnenschein.

Ach, wie schön doch Reisen sind,
die man durch ein Los gewinnt!

Hansels Reiseabenteuer
werden in der Heimatstadt
für Frau Schulz und Schmidt und Meier
abgedruckt im Wochenblatt.

Alle grüßen nun den Hansel,
selbst der allerkleinste Stift,
und der Oberlehrer Gansel
zieht den Hut, wenn er ihn trifft.

Denn der Hansel – seht ihn an! –
ist ein weitgereister Mann.

Karoline ist nicht dumm

Vier Geschichten von Karoline

Wenn das M nicht wär erfunden,
Wär das Abc nicht voll.
Jede Mama hieße a-a,
und das wäre gar zu toll.

Doch zum Glück ist es erfunden.
Das ist nützlich. Das ist fein.
Denn jetzt können alle Kinder
Mutti oder Mami schrein.

Karolines Apfelbaum

Karoline hat einen Apfelbaum. Als Karoline getauft wurde, hat ihr Vater ihn gepflanzt. Deshalb ist der Apfelbaum genauso alt wie Karoline. Das Mädchen ist vier und der Apfelbaum auch. Manchmal, wenn es lange nicht geregnet hat, begießt Karoline den Baum mit ihrer kleinen roten Gießkanne aus Blech. Ihren zwei Brüdern, Oliver und Michel, hat Karoline verboten, in den Apfelbaum zu klettern. Weil er noch zu klein und zu schwach ist. Aber die schwarzweiße Katze vom Nachbarn darf im Apfelbaum sitzen. Weil sie sehr vorsichtig ist und auf Samtpfoten geht. Eigentlich ist der Baum noch ein Bäumchen. Aber er ist schon doppelt so groß wie

Karoline. Und Oliver sagt, daß er schon einmal sechs richtige Äpfel in den Zweigen hängen hatte. Die waren gelb und rot. Aber jetzt ist es Frühling. Da gibt es noch keine Äpfel. Karoline ist heute schon früh aufgewacht. Ihre beiden Brüder schlafen noch. Darum klettert sie leise aus ihrem Gitterbett und tappt ans Fenster. Sie zieht die bunten Vorhänge zur Seite und reibt sich die Augen. Weil das Licht von draußen so hell ist und sie noch blinzeln muß. Karoline schaut jeden Morgen zuerst nach ihrem Apfelbaum. Das tut sie auch heute. Aber diesmal sieht er ganz anders aus als sonst. Ganz weiß. Karoline schreit: »Oliver, Michel, aufwachen! Der Apfelbaum hat weiße Blätter bekommen!« Michel macht die Augen auf, sieht Karoline am Fenster und springt sofort aus dem Bett. Oliver blinzelt nur und dreht sich auf die andere Seite. »Schau mal, Michel«, ruft Karoline, »der Apfelbaum!«
»Der blüht«, sagt Michel.

»Kriegt man weiße Blätter, wenn man blüht?«
»Nein«, sagt Michel, »die Blätter sind grün. Aber die Blüten sind weiß.«
»Was sind denn das: die Blüten?« fragt Karoline.
»Aus den Blüten werden später die Äpfel, Karolinchen. Wenn es viele Blüten gibt, dann gibt es viele Äpfel.«
»Quatsch«, sagt eine Stimme hinter ihnen. Das ist Oliver. Er liegt immer noch im Bett und hat sich auf seine Ellenbogen gestützt. »Wenn es einen Nachtfrost gibt, dann gehen die Blüten kaputt«, sagt er. »Und dann gibt es überhaupt keine Äpfel.«
»Aber die Sonne scheint«, ruft Karoline. »Und wenn die Sonne scheint, dann gibt es keinen Frost!«
»Ich habe vom Nachtfrost gesprochen«, sagt Oliver.
Karoline denkt nach. Dann sagt sie: »Nachts scheint der Mond.«
»Aber der ist nicht warm«, lacht Michel.

»Dann bringe ich meinem Apfelbaum heute abend zwei Wolldecken«, ruft Karoline.
»Das brauchst du nicht«, sagt Oliver. »Es ist kein Nachtfrost angesagt.«
»Wer sagt denn den an?« fragt Karoline.
»Das Radio«, antwortet Michel. »Du mußt dir jetzt jeden Tag die Wettervorhersage anhören!«
Jetzt geht die Tür auf, und die Mutter kommt herein. »Nanu«, sagt sie, »ihr seid ja alle drei schon wach.«
»Wir haben auch einen besonderen Grund«, ruft Karoline. Dann legt sie einen Finger auf die Lippen und sagt zu den beiden Jungen: »Nicht verraten!«
Michel sagt: »Ehrenwort.«
Oliver gähnt und rappelt sich umständlich aus dem Bett auf.
Die Mutter tritt nun ans Fenster, schaut hinaus und ruft: »Ist der Apfelbaum etwa der besondere Grund, Karoline?«
Das Mädchen nickt und sagt: »Er ist heute

vier Jahre alt geworden. Darum blüht er so schön!«
»Wenn der Apfelbaum Geburtstag hat, dann muß das gefeiert werden«, sagt Frau Meisel.
»Ui fein, dann gibt es Torte!« ruft Oliver.
»Nein«, sagt die Mutter. »Wenn Apfelbäume Geburtstag haben, gibt es keine Torte.«
»Was gibt es dann?« fragt Michel.
»Frische Brötchen und Apfelgelee. Außerdem werden wir zur Feier des Geburtstages zum ersten Mal in diesem Jahr auf der Terrasse frühstücken. Ihr könnt die Gartenmöbel aus dem Schuppen holen.«
So schnell wie heute haben sich die Kinder noch nie angezogen. Sie stürmen hinüber zum Schuppen, um die Gartenmöbel zu holen. Frau Meisel kommt hinter ihnen her. Weil die Kinder in der Aufregung den Schlüssel vergessen haben.
Die Gartenmöbel sind schrecklich staubig. Sie sehen durch den Staub schmutziggrau

aus. Aber als Oliver den Staublappen holt und sie abstaubt, sind sie tomatenrot. Wie im vorigen Jahr.
Die beiden Jungen bringen den Tisch zur Terrasse, und Karoline schleppt sich mit einem Stuhl ab. Es sind Klappstühle. Darum kann man sie bequem tragen. Aber für Karoline sind sie trotzdem schwer. Weil sie noch klein ist.
Als Herr Meisel zum Frühstück herunterkommt, ist er erstaunt. »Alle Wetter, das ist aber ein festliches Frühstück!« ruft er. »Wir feiern ja auch Geburtstag!« sagt Karoline. Herr Meisel ist verdutzt. »Wer hat denn Geburtstag?« fragt er. Plötzlich sieht er den Apfelbaum und ruft: »Kinder, seht euch mal Karolines Apfelbaum an: Wie schön der blüht!«
»Ja, weil er Geburtstag hat!« ruft Karoline.
»Ach so«, lacht der Vater. »Jetzt verstehe ich. Habt ihr ihm denn auch schon ein Geburtstagslied gesungen?«

Karoline schüttelt den Kopf.
»Dann müssen wir das nachholen!« ruft Herr Meisel. »Faßt mich alle an!«
Nun faßt sich die ganze Familie bei den Händen und stellt sich im Kreis um den Apfelbaum. Dabei singen sie:

»Wir kommen all und gratulieren
zum Geburtstag unserm Apfelbaum!«

Dann läuft die ganze Familie Hand in Hand in einer langen Kette zum Frühstückstisch und trinkt auf das Wohl des Apfelbaumes Apfelsaft.

Karoline und die Wolken

Karoline sitzt auf der Terrasse im Liegestuhl. Sie guckt sich ein Bilderbuch an. Auf der ersten Seite ist eine Kuh zu sehen. Darunter steht etwas geschrieben. Karoline weiß, was dort geschrieben steht. Sie hat es auswendig gelernt. Dort steht:

Liebes Kind, was macht die Kuh?
Muh, muh, muh!

Auf der zweiten Seite ist eine Ziege zu sehen. Darunter steht auch etwas geschrieben. Aber Karoline hat es vergessen, was dort steht. Sie weiß nur, das es am Ende meck-meck-meck heißt.
Als Karoline das Buch umblättern will,

fällt ein großer Schatten auf das Bilderbuch.
Karoline schaut auf und sieht, daß eine Wolke vor die Sonne gezogen ist. Die Wolke sieht wie eine Ziege aus. Mit richtigen Hörnern und einem Zottelbart. Daneben ist noch eine Wolke. Die sieht wie eine Maus aus. Mit einer spitzen Mauseschnauze und schrecklich großen Ohren.
Karoline denkt: »Der Himmel ist auch ein Bilderbuch.« Sie klappt das Papp-Bilderbuch zu und schaut das Himmels-Bilderbuch an.
Die Ziege ist an der Sonne vorbeigezogen. Sie hat nur noch ein Horn. Das zweite ist weg. Vielleicht hat sie es sich an der Sonne abgestoßen. Nun stößt die Wolken-Ziege von hinten auf die Wolken-Maus zu.
Karoline ruft: »Mausemaus, sieh dich vor! Paß auf, die Ziege will dich von hinten stoßen!«
Da fragt jemand im Rücken von Karoline:

»Karolinchen, mein Bienchen, was hast du denn?« Das ist der Michel.
Karoline sagt: »Die Ziege will die Maus stoßen.«
»Welche Ziege?« fragt der Michel erstaunt.
»Die da oben«, ruft Karoline.
Michel schaut nach oben und wundert sich. »Ist vielleicht eine Ziege auf unserem Dach?« fragt er. »Nein, aber am Himmel«, ruft Karoline. »Schau, jetzt berührt ihr Horn schon die Maus. Siehst du?«
Nun hat Michel seine Schwester verstanden. »Du meinst wohl die Wolken-Ziege?« fragt er.
Karoline nickt und schaut wieder in den Himmel. Michel schaut auch nach oben. Er sagt: »Das ist gar keine Ziege, Karoline. Das ist ein Krokodil.«
Karoline schaut genauer hin. Nun erkennt sie auch, daß es ein Krokodil ist. Mit einer langen Schnauze. Und das Krokodil frißt die Maus mit den großen Ohren langsam

auf. Es bekommt einen sehr dicken Bauch.
»Jetzt ist das Krokodil ein Pferd«, ruft Michel.
»Nein, eine Kuh«, sagt Karoline.
»Oder vielleicht ein Elefant«, meint Michel.
»Ja, ein Elefant!« ruft Karoline und klascht in die Hände.
Plötzlich sehen die Kinder noch mehr Wolken-Elefanten am Himmel. Große, dunkle Elefanten. Es werden immer mehr. Sie schieben sich vor die Sonne, und nun fängt auf der Terrasse ein Wind zu blasen an. Als ob die Elefanten Luft aus ihren Rüsseln bliesen.
Und dann fällt ein dicker Wassertropfen auf Karolines Nase.
»Pfui, ein Elefant hat mich gespritzt«, schreit Karoline aufgeregt.
»Mich auch«, ruft Michel.
»Mich schon wieder«, schreit Karoline.
Auf den Steinplatten der Terrasse macht es klick, klick, klack-tick. Es regnet.

Karoline springt aus dem Liegestuhl und bringt ihr Bilderbuch ins Haus. Michel klappt den Liegestuhl zusammen und lehnt ihn an die Hauswand. Dann laufen die beiden Kinder auf den Rasen und stellen sich in den Regen. Es ist nur so ein Tröpfelregen.
»Wenn man sich in den Mairegen stellt, wird man groß«, sagt Michel.
Karoline faßt sich auf den Kopf und sagt: »Ich glaube, ich bin schon gewachsen. Gestern war ich noch nicht so groß wie heute.«
Plötzlich hört der Regen wieder auf. Die Kinder schauen hinauf zum Himmel. Gerade kommt die Sonne wieder zum Vorschein. Die Wolken-Elefanten treiben schon weit entfernt davon.
Und der blaue Himmel wird immer größer.
»Schade, daß es nicht mehr regnet«, sagt Michel.
»Der Himmel wird ganz blau.«

»Jetzt ist der Himmel gar kein Bilderbuch mehr«, sagt Karoline traurig.
»Jetzt will ich wieder mein richtiges Bilderbuch ansehen.« Sie läuft ins Haus und holt das Bilderbuch.
Michel stellt den Liegestuhl wieder auf die Terrasse und setzt sich hinein. Dann nimmt er Karoline auf den Schoß, und sie schauen sich zusammen das Bilderbuch an.
Ein Glück, daß Michel lesen kann. Er liest Karoline vor, was unter dem Bild von der Ziege geschrieben ist. Dort steht:

Jage nicht die Ziege weg,
meck-meck-meck!

»Wer will denn die Ziege wegjagen?« fragt Karoline.
»Ich weiß nicht«, sagt Michel.
»Aber ich weiß es«, ruft Karoline. »Die Elefanten wollten die Ziege wegjagen!«
»Ja«, meint Michel, »das ist möglich.«
Beide Kinder schauen hinauf zum Himmel. Aber die Wolken-Elefanten sind hin-

ter die Birke gezogen. Man kann nur noch ihre Rücken sehen. Karoline sagt: »Erst haben die Elefanten die Ziegen weggejagt, nun hat der Wind die Elefanten selber weggejagt. Das gönn' ich ihnen.«
»Hier in diesem Bilderbuch gibt es auch einen Elefanten«, sagt Michel. Er schlägt ein paar Seiten um und zeigt auf einen Elefanten, der einen langen Rüssel und zwei spitze weiße Stoßzähne hat.
»Was steht dort geschrieben?« fragt Karoline.
Michel liest vor:

Der Elefant trompetet gern,
mal nah und einmal fern.

»Das stimmt«, sagt Karoline. »Erst waren die Elefanten nah, und jetzt sind sie fern hinter der Birke. Aber ich habe sie nicht trompeten hören.«
»Sei mal still«, ruft Michel.
In der Ferne grollt ein leiser Donner.
»Hast du gehört?« fragt Michel.

»Ja, die Elefanten haben trompetet. Das Bilderbuch hat es gewußt. Es ist ein kluges Bilderbuch!«
Und dann schauen sich die beiden das Bilderbuch noch einmal von vorne an. Weil es ein kluges Bilderbuch ist und weil Karoline klug werden will.

Karoline und der Gartenschlauch

Karoline hat einen Sandkasten. Weil die Sonne scheint, darf Karoline in den Garten gehen und im Sandkasten spielen. Sie hat zwei Kuchenformen. Damit kann sie Sandkuchen backen. Aber der Sand ist heute zu trocken. Er backt nicht. Karoline braucht Wasser. Weil der Sand zum Backen feucht sein muß.
Im Gras liegt der Gartenschlauch. Er ist sehr lang und sieht aus wie eine schwarzrote Schlange. Das hintere Ende von dem Gartenschlauch ist am Wasserhahn neben dem Kellerfenster angeschraubt. Karoline weiß, wie man den Hahn aufdreht. Aber zuerst legt sie das vordere Ende des Schlauches in den Sandkasten, weil dort

das Wasser herauskommt. Dann geht Karoline zum Wasserhahn und dreht ihn ein bißchen auf.

Aber als sie hinüberschaut zum Sandkasten, sieht sie kein Wasser hineinfließen. Darum dreht Karoline den Hahn weiter auf. Und dann noch weiter. Und noch weiter.

Jetzt sieht Karoline, daß in den Sandkasten Wasser hineinschießt. Sie hört auch, wie es gurgelt und platscht. Karoline freut sich und läuft hinüber zum Sandkasten. Dabei verliert sie ihren Strohhut. Aber sie fängt ihn im Fallen auf, setzt ihn wieder auf den Kopf und läuft weiter. Im Sandkasten brodelt es wie in einem Suppentopf. Karoline kann gar nicht mehr unterscheiden, was Wasser und was Sand ist. Alles braust und schäumt durcheinander. Der schöne Sandkasten sieht wie ein Teich beim Gewitter aus. Manchmal gibt es Blasen, und der Sand macht blubb-blubb. Karoline hat Angst vor dem Sandkasten.

Aber sie ist ein mutiges Mädchen. Sie will den Schlauch aus dem Sandkasten herausziehen. Doch der Gartenschlauch wehrt sich. Er schnellt zur Seite, und sein scharfer Wasserstrahl zischt gegen den Rand von Karolines Strohhut. Der Hut fliegt in die Luft, und Karoline wird naß.
Karoline springt ängstlich zur Seite. Aber sie stolpert über den Wasserschlauch und fällt ins Gras – platsch!
Das Gras ist naß, und Karoline ist naß, und das blaue Kleid mit den weißen Punkten ist naß, und der Wasserstrahl aus dem Schlauch zischt über Karolines neue Sandalen. Nun sind die blauen Söckchen und die neuen Sandalen auch naß.
Karoline steht auf und will den Wasserschlauch in die Hand nehmen. Aber der Schlauch tut nicht, was Karoline will. Er ist viel stärker als Karoline. Er spritzt nach links und nach rechts und nach oben und nach unten, wohin er will. Und wenn der Strahl Karoline trifft, dann tut es weh.

Karoline läßt den Gartenschlauch los und springt zur Seite, denn das Wasser zischt schon wieder über ihre Füße.
Aber plötzlich wird der Wasserstrahl kleiner. Der Schlauch biegt sich ein bißchen und rührt sich dann nicht mehr. Jetzt kommen nur noch ein paar Tropfen aus seinem Spritzloch.
Eine Stimme ruft: »Karolinchen, mein Bienchen, wie siehst du denn aus?«
Karoline dreht sich um und sieht Michel. Er steht neben dem Kellerfenster und hat den Wasserhahn zugedreht. Jetzt läuft er hinüber zu Karoline.
Karoline ruft: »Der böse, böse Schlauch hat mich naßgespritzt. Und meinen Hut hat er in die Luft gepustet.«
»Weißt du was«, sagt der Michel, »wir ziehen dich schnell aus und legen deine Sachen zum Trocknen ins Gras. Ja?«
Karoline nickt. Sie sieht aus wie eine kleine Vogelscheuche. Das hübsche Sommerkleid klebt an ihrem Körper. Die

nassen Haare hängen ihr wie Bindfäden ins Gesicht. Sie hat jetzt gar keine Locken mehr.

Michel hilft ihr die Sandalen und die Söckchen auszuziehen. Dann stellt er sie zum Trocknen in die Sonne. Da, wo das Gras trocken ist.

Das Kleid will Karoline allein ausziehen. Aber das geht sehr schwer, weil es naß ist. Darum darf Michel ihr helfen. Aber als er das Kleid über ihren Kopf ziehen will, ruft Karoline: »Aua, es ziept an den Haaren!«

Nun läßt Michel das Kleid los.

Aber das ist Karoline auch nicht recht. Sie ruft: »Das Kleid ist mir in den Mund gekommen. Das schmeckt nicht!«

Also zieht der Michel weiter, und nun steht Karoline in Hemd und Höschen im Garten. Michel legt das Kleid neben die Sandalen in das Gras. Damit es trocknet. Dann hilft er Karoline beim Hemdchen ausziehen. Das geht schnell.

»Die Hose kannst du allein ausziehen«, sagt Michel.
»Nein, die behalte ich an«, sagt Karoline.
»Warum denn?« fragt Michel.
»Weil ich ein großes Mädchen bin«, sagt Karoline. »Und weil ich nicht ein Nackedei sein will.«
»Aber Karolinchen, mein Bienchen, hier sieht dich doch keiner!«
»Doch«, sagt Karoline. »Du siehst mich!«
»Aber ich habe dich doch heute morgen auch als Nackedei gesehen«, ruft Michel.
»In der Badewanne darfst du mich auch ruhig sehen«, sagt Karoline. »Aber nicht im Garten.«
Und dann springt sie im Höschen zum Sandkasten. Der Michel kommt hinter ihr her.
»Ui«, ruft Michel, »was ist denn mit dem Sandkasten los?«
»Ich hab' ihn naßgespritzt«, sagt Karoline.

»Damit ich Kuchen backen kann.«
»Wo sind denn deine Kuchenformen?« fragt Michel.
»Ich weiß nicht«, sagt Karoline traurig. »Vorhin lagen sie noch im Sand.«
»Dann liegen sie sicher noch in der Wassersuppe drin«, sagt Michel.
Nun wühlen Karoline und Michel mit ihren Händen in der matschigen Sandkiste, um die Kuchenformen zu suchen. Wenn man mit der flachen Hand draufschlägt, macht es platsch. Karoline findet das lustig. Sie platscht immerzu in dem Matsch herum. Aber das spritzt. Karoline und Michel sind voller Spritzer. Ein Glück, daß Michel bloß eine Badehose anhat.
Plötzlich ruft jemand aus dem Fenster: »Schmierfinken! Schmutzfinken!« Das ist Oliver. Karoline und Michel gucken sich gegenseitig an. Es sieht aus, als hätten beide lauter Sommersprossen. Karoline hat einen dicken Spritzer mitten auf der Nase. Wie eine Warze.

Michel muß lachen. »Jetzt bist du eine richtige Warzenhexe!«
»Ich will keine Warzenhexe sein«, ruft Karoline. Sie läuft schnell zum Wasserhahn und dreht ihn auf. Aber nur ein bißchen. Jetzt kommt ein feiner Strahl aus dem Schlauch. Karoline und Michel spritzen sich gegenseitig sauber. Karoline schreit dabei. Weil es kalt ist. Aber es macht ihr Spaß. Bald sind die zwei Kinder wieder sauber. Nun kommt auch Oliver in der Badehose, und Karoline darf ihn naßspritzen. Oliver schreit: »Huhu, ist das kalt!« Und er tanzt auf einem Bein herum. Karoline muß schrecklich lachen. Dann werden die Kinder zum Mittagessen gerufen. Sie müssen sich abtrocknen und etwas überziehen. Zum Glück ist Karolines Kleid schon trokken. Sie zieht es ganz alleine wieder an. Aber es ist zerknittert. Und Karolines Kopf ist ein Struwwelbesen.
»Himmel, Karolinchen, was ist denn dir passiert?« ruft Herr Meisel.

Da sagt Michel: »Karolinchen hat mit dem Gartenschlauch gekämpft!«
»Und wer hat gewonnen?« fragt Oliver.
»Ich hab' gewonnen!« sagt Karoline.
»Das muß gefeiert werden!« ruft der Vater.
»Womit denn?« fragt Oliver.
»Damit!« sagt Herr Meisel. Und zeigt auf die Tür.
Dort kommt die Mutter mit einem großen Schokoladenpudding herein.

Karoline und der Buchstabe M

Michel ist schrecklich naschhaft. Ich glaube, er ist noch naschhafter als Karoline.
Heute dürfen die zwei Kinder im Keller spielen. »Du, Karoline, möchtest du Sirup?« fragt Michel.
»O ja, gern«, sagt Karoline.
»Aber der ist oben auf dem Regal. Wir müssen den Tisch darunterschieben. Hilfst du mir?«
»Dürfen wir denn das?« fragt Karoline.
»Aber das ist doch unser Sirup, Karoline!«
»Ach so«, sagt das Mädchen, und dann schieben sie den Bügeltisch unter das Regal. Michel klettert auf den Tisch, aber

er reicht nicht ganz hinauf bis zum Siruptopf.
»Wir müssen den Stuhl noch auf den Tisch stellen«, sagt er. Zu zweit versuchen sie, den Stuhl auf den Tisch zu heben.
Aber plötzlich kann Karoline den Stuhl nicht mehr halten. Er kippt und fällt auf das Regal mit den leeren Einmachgläsern und Flaschen. Zwei Milchflaschen purzeln in das Faß mit den eingelegten Gurken, das Essigwasser schwappt über und platscht auf den Marmorkuchen, der am Boden steht. Als Michel den Stuhl im Fallen halten will, tritt er aus Versehen in den Topf mit Pflaumenmarmelade. Aber der Stuhl fällt trotzdem weiter und zertrümmert ein Glas mit eingemachten Mirabellen. Das ist eine Bescherung!
Karoline weint vor lauter Schreck.
Michel ist blaß wie die Wand.
Plötzlich hören sie Schritte auf der Treppe, und da ist auch schon der Vater im Keller.
»Was ist denn das?« fragt er.

»Ich glaube, hier... hier wa... waren Einbrecher«, stottert Michel.
Der Vater sieht Karoline streng an. »Ist das wahr, Karoline?«
Das Mädchen schluckt und schielt zu Michel hinüber. »Ja«, sagt Karoline, »die Räuber wollten den Tisch auf den Stuhl stellen und Sirup naschen!« »Du meinst wohl, sie wollten den Stuhl auf den Tisch stellen?«
Karoline nickt und schluckt. Der Vater schaut das Kellerfenster an und sagt: »Das Fenster ist von innen verschlossen. Also muß der Räuber noch im Keller sein. Fängt der Räuber vielleicht mit M an, Karoline?«
Karoline schluckt immer noch. »Ich weiß nicht, was M ist«, sagt sie.
»Paß auf, dann will ich es dir erklären!« Der Vater packt den umgekippten Stuhl, stellt ihn neben den blassen Michel, setzt sich, nimmt Karoline auf den Schoß und sagt: »M, Karoline, ist ein Buchstabe. Die

naschhafte Miezekatze fängt mit M an. M... M... Miezekatze, hörst du?«

Karoline nickt, und Michel wird noch blasser.

»Die Marmelade, die der Michel am Schuh hat, die fängt auch mit M an, Karoline! M... M... Marmelade, hörst du?«

Karoline schielt wieder zum Michel hinüber.

Michel will weggehen, aber der Vater sagt: »Hör dir das ruhig mit an, Michel. Vielleicht kannst du uns helfen. Schau mal, da liegt ein Glas in Scherben. Du weißt doch sicher, was drin war?«

»Mirabellen«, sagt der Michel leise.

»Mirabellen fangen auch mit M an, Karoline«, sagt der Vater. »Hör mal: M... Mirabellen! Es war sehr böse von dem Räuber, das Glas kaputtzumachen. Unsere Mami hat die Mirabellen nämlich mit viel Liebe und Mühe eingekocht. Mami fängt auch mit M an: M... M... Mami!« Karoline schluckt zweimal. Michel steht ganz steif da. Wie ein Denkmal. Der Vater blickt zu Boden und sieht den Marmorkuchen. Er ist durchnäßt, und obendrauf liegt Gurkenkraut.

»Was ist denn das?« fragt Herr Meisel.

»Entschuldige, Papi« sagt der Michel, »wir konnten den Stuhl nicht mehr halten, und da ist er auf die Milchflaschen gefallen, und die Milchflaschen sind in das Gurkenfaß gefallen, und das Gurkenfaß ist übergeschwappt, und...«

Der Vater unterbricht den Michel. Er sagt: »Aber Michel, das wart ihr doch nicht! Das war doch der böse Räuber. Nicht wahr, Karoline?«

Karoline schielt abermals zum Michel hinüber und nickt.

»Wie heißt der Kuchen mit dem Gurkenkraut eigentlich?« fragt der Vater.

»Das ist ein Marmorkuchen!« ruft Karoline.

»Stimmt, Karoline! Und Marmorkuchen fängt auch mit M an, M... M... Marmor-

kuchen! Die kaputten Flaschen da unten fangen ebenfalls mit M an! Was sind das wohl für Flaschen, Karoline?«
»M... M... Milchflaschen«, antwortet das Mädchen.
»Fein, Karoline!« ruft der Vater. »Jetzt hast du schon gemerkt, was ein M ist. Weißt du jetzt auch, wie der Räuber heißt, der mit M anfängt?« Karoline schaut den Michel an und nickt ein ganz, ganz kleines bißchen. Man kann es kaum sehen. Michel reibt sich die Augen. Wahrscheinlich jucken sie ihn.
Da kommt jemand die Kellertreppe herunter. Es ist die Mutter. Sie guckt sich die Bescherung an und ruft: »Lieber Himmel, was habt ihr denn angestellt?«
»Wir haben den Buchstaben M gelernt«, sagt der Vater.
»Was soll das heißen?« fragt Frau Meisel verdutzt.
»Wir haben alles aufgezählt, was mit M anfängt!« kräht Karoline.

»Ja«, sagt der Vater. »Hier fängt nämlich viel mit M an: die M... M... Marmelade, die kaputten M... M... Milchflaschen, der M... M... Marmorkuchen mit dem Gurkenkraut, die M... M... Mirabellen, alles fängt mit M an. Und der Räuber, der das alles angerichtet hat, fängt auch mit M an!«

»Ach so«, sagt die Mutter. Sie gibt dem Michel einen Klaps und ruft: »Hol Kehrblech und Handfeger, und dann feg die Scherben zusammen, du Räuber!«

Da seufzt Michel und ruft: »Ja Mami! Gern, Mami!« Und rennt die Treppe hinauf. Karoline aber fragt leise: »Weißt du, wie der Räuber heißt, Mami?«

»Hm«, sagt die Mutter, »wenn er mit M anfängt, dann heißt er sicher M... M... Maximilian. Hab' ich recht?«

»Ja«, ruft Karoline begeistert. »Maximilian, so heißt der Räuber!«

Dann umarmt sie ihre Mutter und flüstert ihr ins Ohr: »Du bist lieb!«

»Ich fang' ja auch mit M an«, flüstert die Mutter zurück.
Dann lachen alle beide.
Und der Vater lacht auch.

Pauline ist ein Sonntagskind

Fünf Geschichten von Pauline

Pauline auf dem Mäuerlein
palimm, palemm, palumm,
soll kleiner als ein Dreier sein,
palimm, palemm, palumm.

Pauline in der Seifenblase

Pauline wünscht sich jeden Tag etwas anderes: montags einen fliegenden Dampfer, dienstags einen Bleistift, der goldene Buchstaben malt, mittwochs ein Krokodil, das Apfeltörtchen frißt, und donnerstags vielleicht einen Affen, der kräht.
Aber im Gegensatz zu anderen Mädchen denkt Pauline sich ihre Wünsche immer ziemlich genau aus. Nur eines Sonntags tat sie das nicht. An diesem denkwürdigen Tage saß Pauline auf einer Gartenmauer und ließ Seifenblasen in die Luft steigen. Da hatte sie den Wunsch, ganz, ganz klein zu werden, nicht größer als ein halber Daumen, um dann in eine Seifenblase einzusteigen und durch die Welt zu fliegen.

Pauline mußte wohl laut gedacht haben; denn plötzlich saß eine grüne Eidechse neben ihr und sagte: »Unter Umständen kann ich dir deinen Wunsch erfüllen.«
»Warum können Sie mir meinen Wunsch nur unter Umständen erfüllen?« fragte Pauline.
»Warum nicht bestimmt?«
»Weil ich«, so antwortete die Eidechse, »erst wissen muß, ob es so ein dummer Wischi-Waschi-Wunsch ist wie bei den meisten Kindern oder ob der Wunsch genau durchdacht ist. Laß mich zunächst prüfen, ob du genau weißt, was du dir wünscht.«
»Bitte, prüfen Sie, Eidechse!« sagte Pauline.
»Also, mein Kind, wie klein willst denn du werden?«
»Wie ein halber Daumen.«
»Schön und gut, Pauline; aber wie soll die Seifenblase dich tragen können?«
»Es muß eine besonders haltbare und

solide Seifenblase sein, Eidechse. Aus Kernseifenlauge.«

»Schön und gut; aber wie willst du die Seifenblase steuern?«

»Überhaupt nicht, Eidechse. Sie soll mich tragen, wohin sie will.«

»Hm, hm, hm«, machte die Eidechse. »Es ist eine Ungenauigkeit in deinem Wunsch; aber du sollst trotzdem fliegen.«

Das Tier lief fünfmal rechtsherum und siebenmal linksherum im Kreis. Dabei sang es mit dünner Stimme:

»Pauline auf dem Mäuerlein,
palimm, palemm, palumm,
soll kleiner als ein Dreier sein,
Dreier sein, Dreier sein,
soll kleiner als ein Dreier sein,
palimm, palemm, palumm.«

Unter dem Gesang schrumpfte Pauline zusammen, als würde sie von der Sonne getrocknet. Sie spürte es besonders an der Kopfhaut oberhalb der Ohren. Sie fühlte

sich selbst kleiner werden, und die Eidechse wurde in ihren Augen immer größer, bis sie einem riesigen Drachen glich. Da rückte Pauline ängstlich von ihr ab. Nicht mehr ganz so forsch wie zuvor, fragte sie: »Wo kriegen wir jetzt eine haltbare Seifenblase her?«
»Abwarten«, sagte die Eidechse. Sie lief abermals im Kreis herum, fünfmal rechtsherum, siebenmal linksherum, und sang dabei:

»Die Seifenblasen kreisen nun,
hurra, juhu, ahoi!
Paulinchen geht auf Reisen nun,
Reisen nun, Reisen nun,
Paulinchen geht auf Reisen nun,
hurra, juhu, ahoi!«

Plötzlich schwebte genau über Paulines Kopf eine Seifenblase. Die öffnete sich um einen Spalt, ohne zu zerplatzen, stülpte sich über das sehr kleine Mädchen und schloß sich wieder.

»Zufrieden?« fragte die Eidechse.
Pauline, die diese Frage durch die Hülle der Seifenblase wie von ferne hörte, wollte antworten; aber da kam der Wind, hob die Seifenblase in die Höhe und trug sie mühelos hinauf in den blühenden Apfelbaum. Dem Mädchen war es ein bißchen unheimlich dabei; aber sie hatte ja selbst auf jede Steuerung verzichtet. Nun war sie ein Spielball für den Wind geworden.
Inzwischen hatte die Seifenblase sich in den Kelch einer Apfelblüte gesenkt, und da ruhte und schaukelte sie nun. Pauline schaukelte mit – ob sie wollte oder nicht – und blickte staunend in ein Meer riesengroßer weißer Blüten.
»Es sieht aus, als feiere der Apfelbaum Hochzeit!« rief sie. »Fehlt nur noch die Braut.«
»Ist schon da«, summte es an ihrer Seite.
Pauline wandte den Kopf und sah im Kelch der Nachbarblüte ein wollig wirken-

des, schwarzgelbes Untier mit vielen Beinen, zwei Fühlern am Kopf und einem Stachel am Hintern.
Zum Glück war Pauline gut in Naturkunde. Deshalb wußte sie sofort, daß es sich um eine Hummel handelte. Nur ihre eigene Kleinheit war schuld, daß das Tier ihr so groß und gefährlich vorkam.
Pauline schluckte zweimal und sagte dann tapfer: »Tag, Hummel. Ich wußte gar nicht, daß du die Braut des Apfelbaumes bist. Ich heiße Pauline.«
»Weiß ich«, summte die Hummel. »Ich habe es von der Mücke gehört; die Mücke weiß es von der Fledermaus, und die Fledermaus hat es von der Eidechse.«
»Fabelhaft, was ihr für einen guten Nachrichtendienst habt«, rief Pauline. Dabei breitete sie ruckartig ihre Arme aus, und nun ...
... nun stellte sich heraus, was an Paulines Wunsch ungenau gewesen war: Zum Armeausbreiten innerhalb der Seifen-

blase war sie immer noch zu groß. Durch die heftige Bewegung platzte die dünnwandige Kugel (obwohl sie aus Kernseifenlauge geblasen war). Pauline wuchs zu ihrer alten Größe heran, die Hummel summte entsetzt davon, und dann...

...dann sauste Pauline mit Knacken und Krachen durch die Apfelbaumkrone umd plumpste hinunter ins Gras.

Hier rieb sie sich die Augen und dachte: »Aha, es war ein Traum. Jetzt bin ich aufgewacht.«

Aber sie irrte sich: Es war kein Traum; denn plötzlich huschte die grüne Eidechse auf ihre Hand und fragte: »Gibst du jetzt zu, daß dein Wunsch nicht ganz genau war?«

»Ja«, sagte Pauline kleinlaut, »ich gebe es zu.«

Dann fing sie an, sich neue Wünsche auszudenken: Sie wünschte sich ein Känguruh, das Lastwagen fahren kann, einen Tannenbaum mit goldenen Nadeln und ein

Handtuch, das so groß wie ein Schulhof sein sollte.
So ist Pauline nun einmal: Sie kann das Wünschen nicht lassen; denn sie ist an einem Sonntag geboren.

Pauline und der Schneemann im Sommer

Einmal ging Pauline an einem heißen Julitag auf einer Wiese spazieren und entdeckte dort einen Schneemann.
Zuerst blieb sie stehen und schloß die Augen. Sie hielt den Schneemann für eine Luftspiegelung. Aber als sie die Augen wieder öffnete, stand der Schneemann immer noch da.
Nun ging Pauline dreimal um den Schneemann herum und betrachtete ihn von allen Seiten ganz genau. Sie befühlte ihn auch und kratzte vorsichtig ein bißchen Schnee von seiner Oberfläche ab. Kein Zweifel: Der Schneemann war aus hartgefrorenem Schnee, und nirgendwo war eine weiche Stelle.

»Das ist doch unmöglich«, sagte Pauline.
»Was ist unmöglich?« fragte der Schneemann.
»Du bist unmöglich«, antwortete Pauline. »Schneemänner im Sommer gibt es nicht. Sie müssen schmelzen.«
»Aber mein liebes Kind«, sagte der Schneemann vorwurfsvoll, »willst du leugnen, daß es mich gibt? Traust du deinen eigenen Augen nicht mehr?«
Pauline überlegte. Endlich sagte sie: »Es gibt dich. Das ist richtig. Aber eigentlich kann es dich nicht geben.«
»Ich will dir erklären, warum es mich gibt«, sagte der Schneemann. »Ich habe ein steinernes Herz. Das macht mich so kalt, daß ich nicht schmelzen kann.«
»Wenn du ein Herz aus Stein hast, bist du sicher sehr böse, nicht wahr?«
»Ich bin unvorstellbar böse«, bestätigte der Schneemann grimmig.
»Strengt Bösesein an?«

»Es strengt ganz unvorstellbar an«, erwiderte der Schneemann. Stocksteif und unbeweglich stand er da, starrte unverwandt immer denselben Vogelbeerbaum an und gab seine Antworten schnarrend wie ein verärgerter General.

Pauline, die mit Menschen und Schneemännern am liebsten freundlich umgeht, hatte Mitleid mit diesem steifen Herrn aus Schnee. Als sie ihn so ansah, dachte sie: »Er wird sich niemals freuen. Kein Geschenk kann ihm ein Dankeschön entlocken. Er wird ewig hart und starr und böse auf der Wiese stehen.«

Dieser Gedanke war für Pauline so schrecklich, daß ihr vor Mitleid das Wasser in die Augen stieg und zwei Tränen ihre Wangen hinunterrannen. »Was soll das?« fragte der Schneemann. »Warum fängst du an zu schmelzen?«

»Du tust mir so leid«, sagte Pauline, und sie schluckte, als sie das sagte.

»Wenn ich dir leid tue, müßte dir auch der

Teufel leid tun«, schnarrte der Schneemann.
»Er tut mir auch leid, Schneemann. Ist es nicht schrecklich, von Beruf böse sein zu müssen? Dann schmecken dir die Bananen nicht, weil du dich nicht darüber freuen kannst. Und ob du eine Zwei oder eine Fünf im Diktat bekommst, ist dir ganz egal: Über die Zwei kannst du dich ja doch nicht freuen. Das ganze Leben macht dann keinen Spaß mehr.«
»Lange Rede, kurzer Verstand«, murrte der Schneemann. »Spaß ist unvernünftig. Die ganze Welt ist schlecht.«
Pauline wurde durch solche Reden des Schneemannes nicht abgeschreckt, im Gegenteil: Ihr Mitleid wurde so groß, daß noch mehr Tränen aus ihren Augen fielen. Sie schmolz, wie der Schneemann es nannte.
Seltsamerweise schien das Schmelzen anzustecken. Der Schneemann, der jetzt nicht mehr den Vogelbeerbaum, sondern

Pauline ansah, dachte erstaunt: »Sie ist meinetwegen traurig. Sie hat mich gern.« Ein unbekanntes Gefühl regte sich in seiner Schneemannsbrust, so ein Ziehen und Pressen und Drücken, das seinen ganzen Leib durchlief. Ehe er sich darüber klar wurde, was mit ihm geschah, gab es einen Knacks, und da war sein steinernes Herz gesprungen. In derselben Sekunde fing er vom Hut bis zum Rocksaum zu schmelzen an. Paulines Tränen versiegten fast augenblicklich: Als der Schneemann anfing zu schmelzen, hörte Pauline auf zu weinen und rief: »Nun taut die Bosheit von dir ab. Freust du dich jetzt?«

»Ich weiß es nicht«, gurgelte der schmelzende Schneemann. »Kann sein, daß ich jetzt gut geworden bin. Aber was habe ich davon? Ich vergehe. Ich sterbe.«

»Du wirst zu Wasser«, verbesserte Pauline ihn. »Du wirst das Gras und die Blumen tränken. Was meinst du, wie die sich darüber freuen in dieser Trockenheit?«

»Das ist ein schwacher Trost«, seufzte der Schneemann. »Ein kleines bißchen Freude auf der Wiese scheint mir zu teuer mit dem Tod bezahlt.«
Nicht lange nach diesen Worten war der Schneemann geschmolzen. Aber dort, wo er geschmolzen war, sprudelte plötzlich eine Quelle aus dem Boden, und weil die Wiese leicht geneigt war, entstand ein Rinnsal im Gras, der Beginn eines Bächleins. Die Quelle fing melodisch an zu klimpern. Sie redete. Sie bedankte sich. Als Pauline sich über sie beugte, hörte sie das redende Wasser sagen:

»Dank, Pauline, danke sehr!
Zwar, bin ich kein Schneemann mehr,
doch an seiner Stelle
bin ich eine Quelle.
Dank dir, kleiner Wiesengast,
daß du mich verwandelt hast!«

»Oh, das ist gern geschehen«, sagte Pauline.

Dann sprang sie durch das Gras davon, freute sich und sang: »Es klappert die Mühle am rauschenden Bach.«
Die Quelle aber sprudelt weiter und tränkt alle Blumen, die durstig sind.

Pauline und der Montagsmensch

Einmal lernte Pauline im Gemeindepark einen alten Mann kennen, der ein Montagsmensch war, das heißt, er war an einem Montag geboren. »Montagsmenschen haben viel Pech«, sagte der alte Mann. »Sieh mich zum Beispiel an: Ich habe keine Frau, die nett zu mir ist. Ich habe keine Kinder, die mich liebhaben. Ich habe nur ein Ekel von Hauswirt. Der einzige, der mich mag, ist mein Wellensittich. Und der ist mir heute entflogen.«
Pauline hatte Mitleid mit dem alten Mann, der an einem Montag geboren war. Sie dachte nach und sagte: »Vielleicht kann ich Ihren Wellensittich finden. Warten Sie hier bitte, bis ich zurückkomme.«

Der alte Mann seufzte: »Du wirst ihn nicht finden.« Trotzdem versprach er, auf Paulines Rückkehr zu warten.
Zufällig kannte das Mädchen einen Spatzen namens Sepp. Der hielt sich gewöhnlich in diesem Park in der Nähe des Kinderkarussells auf. Also rannte Pauline zum Karussell und drehte für zwanzig Pfennig zwei Runden. Bei der zweiten Runde entdeckte sie den Sepp. Als das Karussell wieder stillstand, sprang sie ab und lief zu dem Tisch, auf dem er Krümel pickte. »Tag, Sepper«, sagte sie. »Ich brauche eine Auskunft von dir.«
»Umsonst ist nur der Tod«, sagte Sepp.
»Ich kauf' dir eine Brezel, wenn du mir hilfst.«
»Brezeln sind mir zu hart, Pauline. Ich mag nur weiche Zuckerbrezeln.«
»Was meinst du, was die kosten?« rief Pauline. »Mein Vater ist kein Millionär. Wir sind sieben Kinder zu Hause.«
Sie einigten sich nach einigem Hin und

Her auf ein sogenanntes Milchbrötchen. Das sollte der Spatz bekommen, wenn er Pauline helfen könne. Sehr sachlich fragte Sepp nun: »Um was handelt es sich?«

»Um einen alten Mann, dem sein Wellensittich entflogen ist«, erklärte Pauline. »Hast du zufällig von einem Wellensittich gehört?«

»Ich höre den ganzen Tag nichts anderes«, tschilpte der Spatz. »Das dumme Ding sitzt in der Birke neben dem chinesischen Pavillon.«

»Wer? Der Wellensittich?« fragte Pauline atemlos.

»Natürlich«, zeterte Sepp, der Spatz. »Er heult sich die Seele aus dem Leib, greint nach seinem lieben Herrchen und macht mit seinem Geflenne alle Vögel verrückt.«

»Das ist der, den ich suche!« rief das Mädchen. »Auf Wiedersehen, Sepp, und danke schön!«

»Halt!« tschilpte der Spatz. »Erst kriege ich ein Milchbrötchen.«

»Ach ja«, erinnerte sich Pauline. »Hier ist ein Zehnerl. Kauf dir eins.«
Der Spatz schlug entrüstet mit den Flügeln. »Hast du schon mal einen Spatzen gesehen, der einkaufen geht?«
»Nein«, lachte Pauline. »Entschuldige, Sepp!«
Sie nahm das Zehnpfennigstück vom Tisch, kaufte am nächsten Kiosk ein Milchbrötchen, brachte es dem Spatzen, bedankte sich bei ihm ein zweites Mal (denn wenn sie wollte, konnte sie sehr höflich sein) und lief zum Pavillon.
Dort stand nur eine einzige Birke, und aus den Zweigen tönte es ununterbrochen: »Auweh, mein Herrle, schnättärättäng!«
Pauline entdeckte den Wellensittich auf einem der unteren Äste und rief ihm zu: »Dein Herrchen sucht dich. Kommst du mit mir?«
»Mit Vergnigen! Mit Vergnigen!« plapperte der Wellensittich. Er fügte hinzu: »Herrle hurra, schnättärättäng!« Dann

flatterte es grün und gelb vor Paulines Augen, und schon saß der Wellensittich auf ihrer linken Schulter.
Sogleich wanderte Pauline samt dem Vogel zu der Parkbank zurück, auf der der Montagsmensch trübsinnig saß, das Gesicht in den Händen vergraben.
Pauline drehte den Kopf zur Seite, legte einen Finger auf die Lippen und sagte zu dem Wellensittich: »Schscht! Wir wollen ihn überraschen.« Der Vogel schien sie verstanden zu haben. Er flog ganz leise auf die rechte Schulter des alten Mannes und zupfte ihn mit dem Schnabel leicht am Ohrläppchen. Augenblicklich richtete sich der Alte mit einem Ruck kerzengerade auf, und schon plapperte der Wellensittich selig und ohne Pause: »Gutetaggutetag, schnättärättäng, gutetag!«
»Tonele!« rief der alte Mann. Und dann weinte er vor Freude und küßte den Wellensittich auf den krummen Schnabel.
Als Mann und Vogel sich wieder beruhigt

hatten, sagte Pauline: »Auch Montagsmenschen haben manchmal Glück.«
»Wahrhaftig, ja«, lachte der alte Mann. Dann stand er auf, um mit seinem wiedergefundenen Wellensittich nach Hause zurückzukehren. Vorher aber bedankte er sich überschwenglich bei Pauline. Er drückte ihr, bevor er davonging, wenigstens zwanzigmal die Hand. Aber als er schon ein paar Schritte gegangen war, drehte er sich noch einmal um und fragte: »An welchem Wochentag bist du eigentlich geboren, mein Kind?«
»An einem Sonntag«, sagte Pauline.
»Aha! Drum! Das dachte ich mir«, murmelte der Montagsmensch. Dann bedankte er sich noch einmal (es war das einundzwanzigste Mal) und ging mit seinem Wellensittich heim.

Pauline und der Prinz im Wind

Eines Tages im Herbst, als der Nordwind mit Regen und Kälte daherkam, stand Pauline am Fenster und sah zu, wie der Wind braune Blätter, Papier und kleine Zweige vor sich herjagte. Plötzlich aber sah sie zwischen dem Treibgut des Windes einen Sessel durch die Luft sausen. Er war grün-weiß gestreift. Darauf hockte mit angezogenen Knien ein junger Mann, dem sie sofort den Prinzen ansah.
Pauline klopfte heftig ans Fenster und öffnete es. Der Prinz wandte den Kopf, entdeckte das Mädchen und steuerte in seinem Sessel auf sie zu. Zusammen mit Blättern, Wind und Zeitungsfetzen fuhr er ins Zimmer.

Als Pauline das Fenster wieder geschlossen hatte, sagte der Prinz: »Verbindlichsten Dank für die Einladung, mein Fräulein. Wie geht es Ihnen?«
»Miserabel, Prinz!« antwortete Pauline.
»Das höre ich ungern«, bemerkte die junge Hoheit. »Woran fehlt es?«
»Es fehlt mir an Sonne, blauem Himmel und leichter Luft«, antwortete das Mädchen.
»Dem kann abgeholfen werden, mein Fräulein.« Der Prinz schnipste mit zwei Fingern seiner linken Hand, und schon stand ein zweiter Sessel im Zimmer, der dem seinen bis auf die letzte Troddel glich. Nur war dieser Sessel nicht grün, sondern rot gestreift.
»Nehmen Sie Platz, mein Fräulein«, sagte der Prinz.
Pauline folgte der Einladung und zog im Sessel – genau wie der Prinz – die Beine an.
Abermals schnipste der Sesselreiter mit

den Fingern, diesmal aber mit der rechten Hand. Da flog das Fenster auf, beide Sessel sausten ins Freie, und hinter ihnen klappte das Fenster von selbst wieder zu. Nun stiegen beide Sessel hoch hinauf in die Luft. Pauline wurde es zum Glück nicht schwindelig, als sie vorsichtig nach unten lugte. Denn sie sah nur wogenden dunkelgrauen Brei. Sie schwebten über den Wolken. Hier oben aber war der Himmel blau, und die Sonne schien.

»Wohin fliegen wir, Prinz?« fragte Pauline.

»Wohin Sie wünschen, mein Fräulein. Suchen Sie sich ein Ziel aus: Madagaskar, Konstantinopel, Buenos Aires oder das Schwarze Meer.«

»Konstantinopel würde mir gefallen, Prinz. Aber ich muß Punkt vier beim Handarbeitsunterricht sein. Sind wir bis dahin zurück?«

Der Prinz dachte nach und erklärte: »Eine Reise nach Konstantinopel ist für diese

kurze Zeit zu lang. Bis vier Uhr können wir bestenfalls einen kleinen Ausflug zur Adria unternehmen.«
»Gut«, sagte Pauline, »tun wir das.«
Also flogen sie noch eine Weile geradeaus, und plötzlich lichtete sich das Gewölk unter ihnen. Zugleich sanken die Sessel spürbar. Pauline sah unter sich ein strahlend blaues Meer, eine lange, lange Küste und davor viele Inseln und Inselchen, die dunkelgrün waren, aber alle einen weißen Saum ringsum hatten. Im Blau des Meeres fuhren weiße Dampferchen.
Die Sessel sanken sehr schnell. Schon kam eine große Insel auf Pauline zu. Pauline sah Pinien, Agaven, Häuser in Gärten und einen langen weißen Strand. Zugleich roch die Luft würzig bitter. »Es riecht nach Wermut«, sagte der Prinz. Während er sprach, setzten die Sessel schon sanft auf dem Strand auf. Pauline sprang sogleich herunter, um im Sand Muscheln zu suchen. Eine lag schon vor ihren Füßen.

Leider war das sehr unklug von Pauline. (Aber das konnte sie nicht wissen.) Der Prinz schrie: »Was tun Sie, mein Fräulein? Sie dürfen den Sessel doch nicht verlassen!«
Als Pauline – die Muschel in der Hand – sich erschrocken umdrehte, war ihr Sessel verschwunden. Aber der grüngestreifte Sessel mit dem Prinzen war noch da.
»Was ist denn passiert?« fragte Pauline.
Der Prinz erklärte es ihr. Er sagte: »So eine Sesselreise mit dem Wind kann jeder Mensch nur einmal im Jahr unternehmen. Dabei darf er den Sessel nicht eher verlassen, als bis er wieder zu Hause ist. Sonst verschwindet der Sessel, und man sitzt hilflos auf Madagaskar, in Konstantinopel oder – wie du – an der Adria.«
»Aber ich kann doch nicht ein ganzes Jahr lang hierbleiben!« rief Pauline. »Um vier Uhr muß ich schon beim Handarbeitsunterricht sein.«
»Ich schlage vor, mein Fräulein, daß Sie

mit meinem Sessel zurückfliegen«, sagte der höfliche Prinz. »Ein Großonkel meiner Mutter, ein ehemaliger Fürst Oklonowitsch-Ribar, von der Seitenlinie der Oklonowitsch, ist hier in der Nähe Oberkellner. Er wollte mich schon immer zum Kellner ausbilden, weil Prinzsein kein Beruf mehr ist. Jetzt kann er das ein ganzes Jahr lang tun.«

»Sie sind sehr nett, Prinz«, sagte Pauline. Dann kletterte sie in den grüngestreiften Sessel.

Der Prinz verließ das Möbel erst, als Pauline darauf saß. Dann sagte er: »So, jetzt vertrauen Sie sich willig meinem Sessel an. Er weiß den Weg. Ich hoffe, der Ausflug hat Ihnen gefallen.«

»Aber natürlich, Prinz! Sogar sehr!« Pauline wollte noch mehr sagen; aber da hatte der Sessel sich schon so hoch in die Luft erhoben, daß der Prinz nur wie ein kleines, buntes, winkendes Etwas tief unten auf dem weißen Strand zu sehen war.

Pauline winkte, solange sie ihn sehen konnte. Bald schwebte sie wieder über dem grauen Wolkenbrei. Die Sonne schien ihr ins Gesicht, und sie schloß die Augen, um sich bräunen zu lassen. Keine halbe Stunde später sank der Sessel nieder, durchfiel die wabernde Wolkenmasse und sauste zwischen Blättern, Zweigen und Papierfetzen auf Paulines Elternhaus zu. Genau zur rechten Zeit schnipste Pauline mit zwei Fingern der rechten Hand: Da öffneten sich die Flügel ihres Fensters, der Sessel sauste ins Zimmer und löste sich dann in nichts auf. Pauline aber plumpste auf den Teppich. Zugleich schlossen sich die Fensterflügel.

Als Pauline aufstand, wußte sie nicht, ob das nun ein Traum oder Wirklichkeit gewesen war. Zum Glück hielt sie in der Hand noch die Muschel, in deren gewundener Höhlung feuchter Sand klebte.

»Also bin wirklich geflogen«, sagte Pauline. Dann packte sie rasch ihr Strickzeug

in die Schulmappe und zog sich warme Sachen an, um rechtzeitig zum Handarbeitsunterricht zu kommen. In der Klasse fragten alle ihre Freundinnen: »Wovon bist denn du so braun im Gesicht?«
»Ich habe einen Ausflug an die Adria gemacht«, sagte Pauline leichthin. »Ich brauchte dringend eine Muschel für das Regal über meinem Bett.« Dann ließ Pauline die Muschel reihum gehen und freute sich königlich über das Erstaunen ihrer Freundinnen.

Pauline und die Neujahrselefanten

Am letzten Tag des Jahres, am 31. Dezember, bekam Pauline von einem indischen Herrn ein Geschenk. Es war die Samenkapsel einer Korianderpflanze, rötlichbraun und erbsengroß. Das Besondere daran war, daß der Samen ausgehöhlt und mit einem winzigen goldenen Deckelchen verschlossen war. Nahm man diesen Dekkel ab, dann purzelten aus der Höhlung zwölf Elfenbeinelefanten heraus. Sie waren winzig und hauchdünn. Mit einem kleinen Schnaufer konnte man sie von der Hand pusten.
War diese indische Kleinigkeit schon an sich ein Wunder, so war doch das Erstaunlichste noch etwas anderes: In jeder Silve-

sternacht wurden die zwölf Elefanten für eine Stunde lebendig.
»Sieh zu«, sagte der indische Herr, »daß du die Kapsel um Mitternacht zu einem Ort bringst, der geräumig genug ist für zwölf indische Elefanten.«
Pauline versprach es und dankte dem Herrn herzlich für das Geschenk.
Gegen Mitternacht lag Pauline im Bett. Aber sie schlief nicht. Sie hatte sich, wenn auch mit Mühe, wach gehalten. Nun kletterte sie leise heraus aus ihrem Bett, zog sich ebenso leise beim Licht des beinahe vollen Mondes an, wickelte sich in viele Zentner Wolle und verließ das Haus durchs Fenster. Die Elefantenkapsel trug sie in der Hand. Pauline wanderte durch die kalte, klare Nacht, über glitzernden Schnee zum Bauernhof ihres Großvaters. Das Tor zur Tenne war dort nie verschlossen.
Gerade, als sie in die Tenne hineingeschlüpft war, begann es zwölf zu schlagen, zuerst von der katholischen, dann – etwas

verspätet – von der evangelischen Kirche.
In diesem Augenblick zappelte etwas in Paulines Hand. Erschrocken öffnete das Mädchen die Finger. Da purzelte die Koriander-Kapsel zu Boden, das goldene Deckelchen sprang ab, und zwölf elfenbeinerne Elefäntchen lagen – von einem Mondstrahl beschienen – auf dem Tennenboden. Diese Elefanten aber schwollen auf wie kleine Luftballons. Sie wuchsen und wuchsen, in die Höhe und in die Breite, als wolle das nie ein Ende nehmen.
Endlich aber waren sie ausgewachsen. Sie paßten gut in die Tenne hinein. Pauline stand verloren zwischen meterhohen Elefantenbeinen und gemächlich hin- und herschlenkernden Rüsseln. Übrigens waren alle Elefanten gelblichweiß.
Pauline fragte: »Was fange ich jetzt mit euch an?«
»Wir möchten uns im Schnee wälzen!« riefen zwölf Elefanten im Chor.

»Tut das«, erwiderte Pauline. »Das Tor ist nicht verschlossen.« Sogleich drängten die Elefanten gegen die Torflügel, stampften hinaus ins Freie, trompeteten vor Freude über die schöne Mondnacht und ließen sich – zuerst mit den Vorderbeinen, dann mit den Hinterbeinen – im Schnee nieder, um sich darin zu wälzen.
»Und das sind nun Tiere aus tropischen Ländern«, sagte Pauline kopfschüttelnd.
»Was man nicht hat, das will man gerne haben, und in den Tropen gibt es keinen Schnee«, sagte eine Stimme hinter ihr. Als das Mädchen sich umdrehte, stand ihr Großvater da. Seine Schurrbartspitzen zuckten auf und ab, ein Zeichen dafür, daß er ein bißchen zuviel getrunken hatte.
»Opa, du gehst sofort ins Haus zurück und holst dir Hut und Schal«, sagte Pauline energisch.
»Aber ich möchte doch die weißen Elefanten sehen«, quengelte der Großvater.

»Erst ziehst du dich warm an!« befahl Pauline streng.
Da schlurfte der Großvater wieder in die Tenne und von dort ins Haus, um sich warme Sachen anzuziehen. Pauline aber ging schnell zu den Elefanten und sagte: »Gleich kommt mein Großvater zurück. Wollen wir ihm eine Zirkusnummer vorführen?«
»Jaja, Zirkus!« brüllte der Chor der Elefanten. Sie richteten sich wieder auf – erst auf den Hinterbeinen, dann auf den Vorderbeinen – und stellten sich mit den Rüsseln in Richtung Pauline in einer Reihe auf. Dann umschlang der größte Elefant das Mädchen mit seinem Rüssel und hob es auf seinen Nacken. Dort saß Pauline stolz wie die Königin von Saba.
Genau in diesem Augenblick trat der Großvater, warm angezogen, wieder aus dem Tennentor. Er glaubte, vom Punsch beflügelt, er sei der Zirkusdompteur, und befahl: »Vorderbeine hoch!«

Die Elefanten gehorchten aufs Wort. Jetzt führte nicht Pauline, sondern der Großvater eine Zirkusnummer vor.
Pauline war dabei in einer gefährlichen Lage: Sie mußte sich an den Ohren ihres Elefanten festhalten, um nicht rückwärts hinunterzupurzeln. (Ein Elefant, der sich auf seinen Hinterbeinen aufrichtet, erreicht eine beträchtliche Höhe.)
Der Großvater sang jetzt einen Walzer, und die Elefanten drehten sich im Takt dazu, einmal linksherum, einmal rechtsherum.
Als Paulines Arme schon schmerzten vom Festklammern, befahl der Großvater: »Hinstellen!« Gehorsam fielen die Elefanten auf ihre Vorderbeine, und Pauline konnte die Ohren loslassen und sich ihre steifgewordenen Finger massieren. Der Großvater war mächtig in Fahrt. Er ließ sich jetzt ebenfalls von einem Elefanten auf dessen Nacken heben und befahl: »Einmarsch in die Tenne!«

Wieder gehorchten die großen Tiere ohne Murren. Sie ordneten sich zu einer Kette und marschierten, jeweils den Schwanz des Vordermanns im Rüssel, in die Tenne ein. Hier marschierten sie zuerst rechts im Kreis herum, dann linksherum. Pauline und der Großvater sangen dazu: »Ringel rangel Rosen, schöne Aprikosen!«
Aber plötzlich blieben alle zwölf Elefanten auf einen Schlag stehen, Pauline und der Großvater wurden von zwei Rüsseln auf den Boden gesetzt, und der größte Elefant sagte: »Herzlichen Dank! Das war ein besonders netter Neujahrsabend!«
»Ja, Neujahrsabend!« trompetete der Chor der übrigen Elefanten.
Dann schlug es eins vom Turm. Der Wald aus gelblichweißen Beinen und Rüsseln schrumpfte zusammen, wurde klein, kleiner, winzig, und dann lagen – von einem Mondstrahl beleuchtet – wieder zwölf Elfenbeinelefäntchen auf dem Tennenboden.

»Wo sind meine Elefanten?« rief der Großvater.
»Die mußten zurück nach Indien«, sagte Pauline.
»Geh nur ins Bett, Großvater, es ist schon spät.«
Murrend zog der Großvater ab. Pauline aber sammelte die Elefäntchen auf, steckte sie in die Koriander-Kapsel, pickte das goldene Deckelchen darauf und ging mit ihrer indischen Kleinigkeit wieder heim. Hier wickelte sie sich aus ihrer Wolle, legte die Kapsel in die Schmuckschatulle aus buntbeklebter Pappe und ging ins Bett. Als Pauline ihrem Großvater am nächsten Morgen ein gutes neues Jahr wünschte, sagte der Alte: »Ich hatte letzte Nacht einen herrlichen Traum, Pauline. Mir träumte, ich wäre Elefantendompteur. Du kamst in dem Traum auch vor.«
»Das muß wirklich ein schöner Traum gewesen sein«, lächelte Pauline. »Wenn ich mich nicht irre, Großvater, dann habe ich

etwas Ähnliches geträumt. In meinem Traum kamen auch Elefanten vor.«
Dann verabschiedete sie sich von ihrem Großvater und ging zu Freunden und Verwandten, Nachbarn und Bekannten, um ihnen ein gutes neues Jahr zu wünschen. Unterwegs sang sie: »Ringel rangel ranten, schöne Elefanten ...«

Tiere sind auch Menschen

Sechs Tiergeschichten

Wenn die Tiere Sachen machen,
kann man schimpfen oder lachen;
aber lachen, bitte sehr,
wäre das, was besser wär.

Der Hase mit dem Kiekser

Ein Hasenjunge wollte gerne Sänger werden. Sein Ziel war, einmal Tenor an der berühmten Löffelheimer Scala zu werden. Das war, wie jeder Kenner der Hasen-Musikwelt zugeben muß, kein geringes Ziel; aber es schien durchaus im Bereich des Möglichen zu liegen. Der junge Hase hatte nämlich, wie alle seine Lehrer übereinstimmend versicherten, ein ausgezeichnetes »Stimmaterial« und ein ganz eigenes »Timbre«. Obendrein war seine Atemführung vorbildlich. Schon als Solist der Hoppelsteiner Sängerknaben widmete ihm die häsische Feld-, Wald- und Wiesenpresse spaltenlange Lobeshymnen.
Als nun der vielversprechende Hase in das

gefährliche Alter des Stimmbruchs kam, kippte seine Stimme öfter und hörbarer über als bei den anderen Hasen seines Alters. Immer wieder schlich sich ein störender Kiekser in seine Rede ein und leider auch in seinen Gesang.
Da begab sich der Hasenjunge zu seinem Gesanglehrer und sagte, immer wieder von Kieksern unterbrochen: »Herr Humpelmann, es hat keinen Kiek, Verzeihung, keinen Sinn, daß ich im Augenblick weiter bei Ihnen studiere. Wenn eine Stimme kikiekt, kann man unmöglich singen.«
»Wohl, wohl, mein Junge«, erwiderte Lehrer Humpelmann, »setzen wir mit den Übungen für eine Weile aus, bis du den Stimmbruch überstanden hast.«
Kein halbes Jahr war vergangen, als es mit dem Stimmbruch vorüber war. Aber leider, leider schien dem jungen Hasen für sein ganzes Leben der leidige, lästige, lächerliche Kiekser geblieben zu sein.

Was die Stimme an Fülle und Reife dazugewonnen hatte, wurde ihr durch das blamable Kieksen wieder genommen. Sang er die berühmte Arie aus dem ersten Akt der Oper »Lampedon und Lampedusa«, so klang es:

O Lampedu-kiek-se,
du meine Mu-kiek-se,
du meine Muse und mein Li-kiek-licht.
O süße Klei-kiek-ne,
o sei die Mei-kiek-ne!
Ohne dein Lächeln leb' ich ni-kiek- nicht!

Humpelmann, der Gesanglehrer, war verzweifelt, als er das hörte. Der junge Hase war ebenfalls verzweifelt. Und was in der Hasen-Musikwelt Rang und Namen hatte, rang die Pfoten darüber, daß so ein einzigartiges Talent an einem lächerlichen kleinen Kiekser scheitern sollte. Berühmte Hals-, Nasen-, Ohrenhasendoktoren versuchten, den jungen Sänger mit allen möglichen Kuren zu heilen, Hasenseelen-

Forscher wurden zu Rate gezogen, Stimmbildner versuchten ihr Glück; aber alles war umsonst. Als der junge Sänger nach einer wochenlangen Schweigekur endlich wieder seinen Mund auftat, sprach er den später berühmt gewordenen Satz: »Kiek glaube, kiek bin gickheilt.« Kurzum: Der Kiekser war noch immer da. Nun war guter Rat teuer, bis dem Gesanglehrer eine rettende Idee kam. In der Fachzeitschrift für das Hasenopernwesen, »Polyhasia«, schrieb er über seinen Schützling einen langen Artikel, in dem er ihm eine glänzende Laufbahn prophezeite. Der Artikel schloß mit dem unverständlichen Satz: »Wenn man nicht gegen den Wind segeln kann, muß man mit ihm segeln! Kiek!«
Kein Hase, der den Artikel las, begriff ihn. Erst ein Vierteljahr später wurde allen musikalischen Hasen klar, was der Lehrer des jungen Sängers gemeint hatte. Um diese Zeit wurde nämlich die altbekannte

komische Kriminaloper »Kicky, der Hasendetektiv« in neuer glanzvoller Besetzung herausgebracht. Die Titelpartie aber sang niemand anders als der vielversprechende junge Hase. Und zwar mit Kiekser.
Der Erfolg war umwerfend. Es gab mehr als hundert Vorhänge. Man applaudierte sich die Hasenpfoten wund. Das Kieksen wurde Mode unter den Hasen. Und eine Schallplattenfirma verdiente mehrere Millionen Hasentaler mit der Kieks-Arie:

Siebenundsiebzig schwere Fälle
löste Kicky ganz allein.
Siebenundsiebzig Kriminelle
brachte er ins Loch hinein.
Siebenundsiebzig harte Nüsse
knackte Kicky, kühn und keck,
siebenundsiebzig Hindernisse
kiekste Kicky einfach weg.
Kiekste Kicky,

kiekste Kicky,
kiekste Kicky
einfach weg!

Der junge Hase wurde als Held komischer Opern einer der gefeiertsten Hasensänger seiner Zeit. Unnötig zu sagen, daß er als Kicky auch an der Löffelheimer Scala Triumphe feierte und daß eigens für ihn neue Kieks-Opern geschrieben wurden. Sein alter Lehrer, der eine umfangreiche Lebensbeschreibung seines Schülers verfaßte, schrieb darin: »Was unserem Sänger die Herzen junger und alter, einfacher und gebildeter Hasen öffnete, ist neben seinen sängerischen Qualitäten vor allem jener herzerquickliche Kiekser aus seiner Kinderzeit, den er sich bis ins hohe Alter hinein bewahrt hat.«

Die Maus und der Elefant

Ein sehr junger Elefant irrte eines Tages hungrig durch die Stadt, als ihm eine ältere Maus vor die Füße lief, die er beinahe totgetreten hätte.
»Können Sie nicht aufpassen, Sie Riesenbaby?« kreischte die Maus. »Wo haben Sie Ihre Augen?« »Im Kopf«, erwiderte höflich der Elefant. »Aber sie sind vor Hunger trübe.«
»So, so, Sie haben Hunger«, murmelte die Maus, die augenblicklich mütterliche Gefühle für das Elefantenjunge entwickelte.
»Wenn Sie Hunger haben, liebes Kind, muß man als erfahrene ältere Person wohl etwas für Sie tun. Aber was?«
Nachdenklich betrachtete die Maus den

langen Rüssel des Elefanten. Dann begannen ihre Barthaare wie ein Radargerät zu spielen und eine Idee zu empfangen.

»Ein Elefant als Haushaltsgerät«, sagte sie halblaut zu sich selbst. »Das ist so übel nicht.«

»Kommen Sie, Kind!« rief sie dem Elefanten zu. »Ich habe etwas für Sie. Hoffentlich können Sie mit mir Schritt halten.«

»Das werde ich schon, Madame«, lächelte der Elefant und setzte hinter der eilig trippelnden Maus vorsichtig Fuß vor Fuß.

Sie gingen gemeinsam zu einem großen Wohnblock. Hier sagte die Maus: »Wenn Sie mich gütigst auf Ihren Rüssel nehmen würden, mein Kind, könnten wir gemeinsam zum fünften Stock hinaufgehen.«

Also nahm der Elefant die Maus auf die Rüsselspitze, sorgte dafür, daß der Rüssel nicht zu stark schwankte, und trug sie in den fünften Stock, wo er auf Geheiß der Maus eine Klingel drückte.

Auf das Läuten erschien eine freundliche

weißhaarige Dame in der Wohnungstür und sagte: »Guten...oh!«
»Das ist ein hungriger junger Elefant«, erklärte die Maus auf dem Rüssel. »Guten Tag, Frau Pfäfflinger.«
Die Dame, die erst jetzt die Maus entdeckte, erwiderte: »Guten Tag, Frau Fallmayer. Wie geht es Ihnen?«
»Man piept sich durch«, piepte die Maus. »Ich wollte Ihnen meinen jungen Freund als Staubsauger empfehlen. Er hat Hunger und braucht eine Stellung.«
»Wovon ernähren Sie sich, junger Mann?« fragte die Dame den Elefanten.
»Viel brauche ich nicht, gnädige Frau. Zwei Zentner Heu am Tag.«
»Welch ein Zufall!« rief die Dame. »Mein Bruder hat ein Gut vor der Stadt. Aber acht Weiden hat er als Sportplätze vermietet. Jetzt weiß er nicht, wohin mit dem Gras, das dort gemäht wird. Und er braucht einen Balljungen für die Tennisspieler. Wie wäre das?«

»Genau das richtige für meinen jungen Freund. Wie ist die Adresse?«
Die Dame erklärte der Maus den Weg, und die Maus blieb auf dem Rüssel sitzen und dirigierte von hier aus den Elefanten genau zu den Sportplätzen, die sie suchten. Dort waren die Damen und Herren Sportler begeistert über den Elefanten. Er war nämlich nicht nur als Balljunge geeignet, er ersparte obendrein auch die Walze zum Einebnen des Tennisplatzes. Außerdem machte er das lästige Fortschaffen des Heus überflüssig, weil er es fraß. Die Maus hatte ihn genau zur richtigen Zeit an der richtigen Stelle untergebracht.
»Madame, wie soll ich Ihnen danken?« rief der Elefant gerührt.
»Indem Sie mich von Ihrem Rüssel herunterlassen«, sagte Frau Fallmayer, die Maus. »Ich bin ein bißchen luftkrank geworden, als Sie ihn vor Freude schwenkten.«
»O pardon, Madame!« rief bestürzt der

junge Elefant. »Vor lauter Freude habe ich nicht daran gedacht…«
»Schon gut, mein Kind« unterbrach die Maus ihn. »Hauptsache, Sie sind glücklich und zufrieden.«
Und das war der Elefant wirklich. Er blieb auch als sportlicher Mehrzweckelefant heiter und zufrieden und ließ jeden Sonntag den Sportlernachwuchs von sechs bis zehn Jahren auf seinem Rücken reiten und auf seinem Rüssel turnen. »Man muß sich als junger Spund eben nur erfahrenen älteren Personen anvertrauen«, pflegte er zu sagen, »dann kommt alles von selbst ins Lot!«

Das Birzel

Alle Förster sagen, daß das Birzel ein ungewöhnlich liebes Tier ist, besonders an Donnerstagen und ganz besonders morgens zwischen neun Uhr fünf und neun Uhr fünfundzwanzig. Deshalb war ich sehr froh, als ich das Birzel eines Freitags um zwölf Uhr traf; denn Freitag ist nahe an Donnerstag, und zwölf Uhr ist nahe an neun Uhr fünfundzwanzig.
Das Birzel war auch froh, mich zu treffen. Es sagte: »Man sieht dich sonst freitags nie.«
»Ja«, antwortete ich, »meistens schreibe ich Geschichten.«
»Das dachte ich mir«, sagte das Birzel. »Am Mittelfinger deiner rechten Hand

hast du gleich neben dem Nagel einen Hüg. Das kommt vom Schreiben.«
»Was habe ich am rechten Mittelfinger, Birzel?« »Einen Hüg. Das ist ein sehr, sehr kleiner Hügel. Deshalb habe ich das el weggelassen. Übrigens ist der Hüg aus Hornhaut.«
»Ja«, sagte ich und sah mir meinen Mittelfinger an. »Der Hüg ist wirklich aus Hornhaut. Du hast scharfe Augen, Birzel.«
»Das haben wir Füchse alle.«
»Bist du denn ein Fuchs?« fragte ich.
»Na ja«, sagte das Birzel verlegen. »Ein richtiger Fuchs bin ich natürlich nicht, eher vielleicht ein See-El. Findest du nicht?«
»Ich weiß nicht, was ein See-El ist«, sagte ich. »Ein See-El«, erklärte das Birzel, »ist das Vorderteil eines See-Elefanten. Findest du nicht, daß ich damit Ähnlichkeit habe?«
»Aber nein!« rief ich. »Überhaupt nicht. Dafür bist du viel zu klein.«

»So, bin ich das?« fragte das Birzel. Dann sagte es nachdenklich: »Ich möchte wirklich wissen, mit welchem Tier ich Ähnlichkeit habe. Vielleicht mit einem Tiger? Was meinst du? Findest du mich tigerhaft?«
Ich sah mir das Birzel genau an und antwortete: »Eine entfernte Ähnlichkeit mit einem Tiger hast du. Natürlich in Kleinformat.«
»Nicht wahr?« rief aufgeregt das Birzel. »Du hast also auch bemerkt, daß ich mit einem Tiger Ähnlichkeit habe?«
»Wer hat es denn noch bemerkt?« fragte ich.
»Mein Freund Pf«, sagte das Birzel.
»Und wer ist das?«
»Pf ist das Vorderteil vom Pferd«, sagte das Birzel. »Ich rede nämlich immer nur mit seinem Vorderteil, weißt du.«
»Mit seinem Hinterteil kann man ja auch nicht reden, Birzel.«
»So? Das wußte ich gar nicht«, sagte das Birzel.

»Aber jetzt muß ich zu meiner Höhle im Um.« »Um ist sicher der untere Teil vom Baum«, bemerkte ich.
»Ja«, sagte das Birzel und war sehr erstaunt. »Woher wußtest du das?«
»Man lernt dies und das im Umgang mit einem Birzel«, antwortete ich.
»Das freut mich, mein Lieber. Das freut mich sogar sehr. Dann sollten wir vielleicht zusammen Eisenbahn fahren. Meine Höhle sehe ich ja sowieso jeden Tag.«
»Aber Birzel, wir sind doch im Wald. Da gibt es keine Eisenbahn.«
»Wie schade!« Das Birzel sah betrübt aus. »Immer wenn ich auf etwas Lust habe, ist das Etwas nicht da. Nicht mal eine Eisenbahn gibt es hier.«
»Dafür gibt es Pilze, Schnecken, Farne und...« »...und Birzel«, ergänzte das Birzel.
»Ja«, erwiderte ich, »Birzel gibt es auch in diesem Wald. Und das ist eigentlich das Erstaunlichste an ihm.«

»Wieso ist das erstaunlich?« fragte das Birzel. »Weil Birzel so selten sind, Birzel. Ich kenne nur ein einziges, und das bist du.«

»Wenn ich es mir recht überlege«, sagte das Birzel, »hast du recht. Ich kenne auch nur ein einziges Birzel. Nämlich mich. Und ich bin mir noch nicht einmal im klaren darüber, ob ich wirklich ein Birzel bin.«

»Aber, aber!« rief ich. »Daß du ein Birzel bist, ist nun wirklich das einzige, was wir mit Sicherheit wissen. Du kannst alle anderen im Wald fragen. Sie werden es dir bestätigen.«

»Gut«, sagte das Birzel. »Fragen wir die anderen. Gehen wir zum Uhu.«

Also gingen wir zum Uhu, der auf seinem Baum schnarchte und selbst beim Schnarchen »u-huuu« machte.

»Uhu!« rief das Birzel.

Der Vogel öffnete das linke Auge, gab aber keine Antwort.

Also rief auch ich: »Uhu!«
Nun öffnete der Vogel auch das rechte Auge, gähnte und fragte:»Was gibt es so Wichtiges, daß ihr mich im Schlafe stört?«
»Du sollst mir sagen, wer ich bin!« rief das Birzel. »Du?« fragte der Uhu und schaute mit großen Augen vom Baum herab. »Du willst wissen, wer du bist?«
»Ja.« Das Birzel wurde ungeduldig.
»Das ist keine leichte Frage«, erwiderte der Uhu. »Besonders, wenn man mitten aus dem Schlaf gerissen wird. Ich würde sagen, du bist ein Tier.« »Das weiß ich selbst«, sagte das Birzel, das immer ungeduldiger wurde. »Aber wie heiße ich?«
»Auch das ist keine leichte Frage«, sagte der Uhu. »Ich weiß, daß man dich allgemein das Birzel nennt. Aber was ist ein Birzel? Und wie heißt ein Birzel? Laßt mich noch ein bißchen schlafen. Vielleicht fällt mir im Traum ein Name ein.«
Der Uhu schloß die Augen, und Sekunden später schnarchte er schon wieder.

Das Birzel sagte: »Es ist immer dasselbe mit dem Uhu. Wenn man ihn braucht, schläft er. Wenn er aber wach ist, macht er alle Welt konfus mit seinen Reden.«
»Aber er hat dir doch bestätigt, Birzel, daß du ein Birzel bist.«
»Wieso hat er das?« rief das Birzel. »Er hat nur gesagt, daß man mich allgemein so nennt. Aber er weiß nicht, was ein Birzel ist! Und wie ich heiße, weiß er auch nicht!«
Das arme Tier war schrecklich aufgeregt. Deshalb sagte ich: »Gehen wir zum Kaninchen. Das ist ein Tier, das niemanden konfus macht, und es weiß auf beinahe alles eine Antwort.«
»Gut«, sagte das Birzel. »Gehen wir zum Kaninchen.«
Wir wanderten also zur Böschung am Waldrand, wo das Kaninchen seit Jahren auf den blauen Hasen wartet. Wir sagten: »Guten Tag, Kaninchen, ist der blaue Hase noch nicht da?«

»Nein«, sagte das Kaninchen. »Er verspätet sich unglaublich. Fast verliere ich die Geduld.«
»Bevor du sie verlierst, möchte ich dich etwas fragen«, sagte das Birzel.
»Dann frag schnell!«
»Also, Kaninchen, ich wüßte gern, wer ich bin.« »Du bist das Birzel«, sagte das Kaninchen. »Und was ist ein Birzel?«
»Ein Birzel ist ein Birzel«, antwortete das Kaninchen, ohne zu zögern. »Und wenn du auch noch wissen willst, wie du heißt, dann sage ich dir: Das weiß ich nicht. Und nun geh, denn ich verliere die Geduld. Ich warte nämlich auf den blauen Hasen.«
Mit diesen Worten wandte das Kaninchen sich von uns ab, und das Birzel und ich gingen in den Wald zurück.
»Jetzt sind wir genauso schlau wie vorher«, sagte ich.
»Aber wieso denn?« rief das Birzel. »Jetzt weiß ich doch endlich, was ein Birzel ist und wie ich heiße.«

»Und was, bitte schön, ist ein Birzel?« fragte ich. »Ein Birzel ist ein Birzel«, sagte vergnügt das Birzel.
»Und wie heißt du?«
»Das weiß ich nicht.«
»Also weißt du doch nicht, wie du heißt!«
»Aber doch!« rief das Birzel, das wieder ungeduldig wurde. »Ich heiße Dasweißichnicht! Ich bin das Birzel Dasweißichnicht. Verstehst du? Und jetzt muß ich zu meiner Höhle und meinen Namen auswendig lernen. Es ist heute sowieso Freitag. Da rede ich nicht gern mit Leuten. Auf Wiedersehen!«
Im Augenblick war das Birzel verschwunden, und ich hörte nur noch, wie es ununterbrochen vor sich hin murmelte: »Dasweißichnicht, Dasweißichnicht, Dasweißich...« Dann hörte ich nichts mehr.
Seitdem habe ich das Birzel nicht wiedergesehen.

Polly Plauz, die Kofferkrake

Polly Plauz war eine Krake ungewöhnlicher Größe. Wenn sie sich auf den Bauch legte, genauer gesagt, wenn sie sich auf den Kopf stellte, vielmehr, wenn sie sich auf das Knie stützte, nein, wenn sie ihre acht Fangarme spreizte und auf dem Boden lag, vielmehr: stand, nein: hockte oder sagen wir: sich befand, wenn sie sich also – einem achtzackigen Stern gleich – auf dem Boden befand, maß sie vom Ende des einen Fangarmes bis zum Ende des gegenüberliegenden Armes volle zehn Meter. Unsere Geschichte kann also zu Recht beginnen mit der Feststellung, daß Polly Plauz eine Krake von ungewöhnlicher Größe war. Trotzdem war Polly Plauz liebenswürdig

von Natur. Das heißt – um wiederum genau zu sein – sie war schlicht liebenswürdig und nicht trotz ihrer Größe; denn große Tiere (auch unter den Menschen) sind ja oft liebenswürdig, zum Beispiel Elefanten und Gewichtheber.
Polly war also liebenswürdig und kam sich ihrer Größe wegen keineswegs groß und bedeutend vor. Im Gegenteil: Niemand war bescheidener und höflicher als sie.
Das heißt – um immer hübsch genau zu bleiben – auch das ist im Grund kein Gegensatz; denn viele Tiere und Leute, die wirklich groß und bedeutend sind, bleiben dabei bescheiden und höflich. Der König der Tiere zum Beispiel, der Löwe, ist die Sanftmut in Person, wenn er satt ist, und manche große und bedeutende Menschen sind oft viel bescheidener als ihre eigenen Angestellten.
Um auf Polly Plauz zurückzukommen: Sie war also, wie wir festgestellt haben, eine Krake von ungewöhnlicher Größe, von

liebenswürdiger Natur und obendrein höflich und bescheiden. Mehr braucht man über den Charakter dieser Krake nicht zu wissen, um verstehen zu können, wieso sie auf der Mole von Casablanca plötzlich zu einer Kofferkrake wurde.
Auf der Mole von Casablanca beginnt – mit den sechs Gepäckstücken eines spanischen Tänzerehepaares – die eigentliche Geschichte.
Das heißt, der Anfang der Geschichte liegt eigentlich in einem Charakterzug von Polly Plauz, den ich vergessen habe zu erwähnen, nämlich in ihrer Menschensüchtigkeit. Sie war – um es immer wieder genau zu sagen – furchtbar neugierig auf oder nach oder in bezug auf Menschen. Sie nahm – obwohl sie ein Wassertier mit Fischblut war – glühendes Interesse an allem, was die Menschen taten. Damit dürfte erklärt sein, was ich meinte, als ich behauptete, Polly Plauz sei menschensüchtig gewesen.

Bei der Ankunft oder Abfahrt jedes großen Dampfers war Polly Plauz dabei. Sie gehörte dazu wie der Zollinspektor, der Hafenagent oder der Lademeister.
Das oben erwähnte Tänzerpaar nun, mit dessen Gepäckstücken die Geschichte beginnt, kannte Polly Plauz trotzdem nicht, weil es zum ersten Mal auf der Mole von Casablanca stand. Es ist für die Geschichte wichtig, daß man das weiß. Die beiden hießen übrigens Angela und Enrique. Sie traten beim Tanzen stets gemeinsam auf. Angela war immer zerstreut und sehr nervös. Enrique, ihr Mann, war unaufmerksam und sagte immerzu »ja, meine Liebe«, wenn seine Frau ihn etwas fragte oder etwas von ihm wollte. Damit, daß Frau Angela Herrn Enrique etwas fragte, fängt die Geschichte nun an. Sie fragte nämlich vorwurfsvoll:
»Enrique, sind alle Gepäckstücke da? Hast du schon einen Träger bestellt?«
Darauf antwortete Enrique, gewohnheitsgemäß: »Ja, meine Liebe!«

So kam es, daß Frau Angela – die, wie gesagt, sehr nervös und zerstreut war – einen Arm, der irgendwo von rechts kam, für einen Gepäckträgerarm hielt. Sie zeigte deshalb auf einen großen Überseekoffer und sagte: »Nehmen Sie den zuerst. Wir haben Kabine sieben auf dem Schiff. Und dann nehmen Sie diesen Korb hier.«

Als ein zweiter Arm sich nach dem Korb ausstreckte, schenkte die Tänzerin ihm kaum Beachtung und fügte hinzu: »Dieser Holzkoffer gehört uns auch. Ebenso der Blechkoffer da und das Köfferchen mit dem schottischen Bezug.«

Sie schenkte dem vermeintlichen Gepäckträger immer noch keine Beachtung, als ein dritter und ein vierter Arm in Tätigkeit traten. Erst als ein fünfter Arm sich in Richtung ihrer Hutschachtel vorstreckte, wurde sie stutzig, weil Gepäckträger gewöhnlich nur zwei Arme und zwei Hände haben. Sie drehte deshalb mit

erstaunt hochgezogenen Augenbrauen den Kopf nach rechts und ...
Wie gesagt, sie kannte Polly Plauz noch nicht und war, wie schon mehrfach erwähnt wurde, sehr nervös und deshalb auch sehr schreckhaft. Kein Wunder, daß sie bei Polly Plauzens Anblick in Ohnmacht versank. Erstaunlich dabei war aber, daß sie vorher noch ausrufen konnte: »Enrique, fang mich auf!«
Der Tänzer sagte, seiner Gewohnheit gemäß: »Ja, meine Liebe!« Er guckte dabei aber, seiner Gewohnheit gemäß, gar nicht hin.
So mußte Polly Plauz mit dem sechsten Arm, der noch frei war, die umsinkende Tänzerin auffangen. (Arm sieben und acht brauchte sie ja, um sich auf den Beinen, vielmehr: auf den Armen oder sagen wir: um sich aufrecht zu halten.)
Natürlich war es für Polly, die Krake, ein bißchen ungewohnt, mit fünf Gepäckstükken und einer ohnmächtigen Tänzerin in

sechs Armen dazustehen. Deshalb fragte sie in der ihr angeborenen bescheidenen Art: »Verzeihen Sie, Herr Enrique, könnten Sie nicht ein Gepäckstück übernehmen, zum Beispiel Ihre Frau? Ich habe nämlich nur sechs Arme zur Verfügung.«

Der Tänzer war schon im Begriff, »ja, meine Liebe« zu sagen, als ihm einfiel, daß seine Frau nur zwei Arme hatte, daß es also unmöglich seine Frau sein konnte, mit der er gerade gesprochen hatte.

Deshalb drehte auch er den Kopf wie zuvor seine Frau, allerdings nicht nach rechts, sondern nach links.

Als er nun die Krake entdeckte, die außer fünf Gepäckstücken auch noch seine Frau trug, erbot er sich sogleich bereitwillig, ebenfalls etwas zu tragen, und nahm das Köfferchen, das mit schottisch gemustertem Stoff bezogen war. Dann ging er voraus aufs Schiff, und Polly Plauz folgte ihm sanftmütig und leicht schwankend mit dem restlichen Gepäck. So kam es, daß die Krake Polly Plauz, sozusagen von einem Augenblick zum anderen, eine Kofferkrake wurde, weil eine spanische Tänzerin nervös, zerstreut und schreckhaft und weil sie selbst so ungemein liebenswürdig von Natur war.

Damit ist die Geschichte, wie Polly Plauz eine Kofferkrake wurde, genaugenommen, zu Ende. Daß Polly hinterher mit dem Tänzerehepaar und dessen sechs Gepäckstükken durch ganz Europa reiste, lag nur daran, daß keiner der drei seinen Charakter ändern konnte. Angela blieb zerstreut, Enrique hilfsbereit und unaufmerksam, und Polly konnte es einfach nicht mit ansehen, daß die beiden Leute ständig mit ihrem Gepäck in Hafen-, Bahnhofs- oder Flugplatzgegenden herumstanden.

Mit der Zeit besserte sich zwar das Verhältnis der drei zueinander; aber grundsätzlich blieb es, wie es am Anfang gewesen war. Frau Angela zuckte immer wieder

zusammen, wenn auf Bahnhöfen oder Flugplätzen statt eines Gepäckträgers die Riesenkrake erschien und hilfsbereit sechs Arme ausstreckte. Immer wieder rief sie: »Enrique, kannst du nicht endlich einen Gepäckträger organisieren, damit wir dieses kolossale Weichtier loswerden?« (Daß Kraken Weichtiere sind, hatte sie im Lexikon nachgelesen.)
Stets antwortete Enrique, seiner Gewohnheit gemäß: »Ja, meine Liebe!« Aber wie stets unternahm er nichts, und Polly Plauz blieb gar nichts anderes übrig, als seufzend das Gepäck der beiden zu verfrachten, worin sie bald große Übung hatte. Sie legte sich im übrigen stets als Gepäckstück Nummer sieben dazu, um den Hals, vielmehr um den unteren Teil des Kopfes ein Schild gehängt, auf dem zu lesen stand: Vorsicht! Künstlergepäck! Lebendes Tier!
Nicht unerwähnt bleiben soll auch, daß Frau Angela ihrer Kofferkrake dreimal

wöchentlich abgezähltes Geld in einen Fangarm drückte, damit sie ein Hallenbad, eine Badeanstalt oder notfalls auch ein Wannenbad besuchen konnte. (Denn Frau Angela hatte im Lexikon gelesen, daß Kraken normalerweise im Wasser leben.) Trotz all dieser erfreulichen Kleinigkeiten kann man nicht behaupten, daß die drei miteinander glücklich geworden wären. Sie schickten sich nur, wie so viele Menschen, seufzend ins Unvermeidliche. In Wirklichkeit möchte Polly Plauz nämlich viel lieber im Atlantik leben und ab und zu auf die Mole von Casablanca klettern, vielmehr: steigen oder sagen wir: sich hinaufbegeben, statt ständig Artistengepäck zu schlepppen. Aber da Polly, wie schon mehrfach erwähnt wurde, sehr liebenswürdig ist und da Enrique trotz immer neuer flehentlicher Bitten seiner sehr nervösen und zerstreuten Gattin nicht imstande ist, einen Gepäckträger heranzuholen, deshalb ergreift Polly Plauz als

inzwischen gut trainierte Kofferkrake immer wieder die sechs Gepäckstücke, und so...
So ist es eine Geschichte ohne Ende – wie so viele Geschichten auf dieser seltsamen Erde.

Die Geschichte von den drei Lügengeschichten

Einst lebte im Inneren der Wüste, in der man gewöhnlich nur Schakale, Hyänen, Wüstenfüchse und allenfalls eine Gazelle trifft, ein Löwe, ein Einzelgänger, der sich auf die allereinfachste Weise ernährte. Da es weit und breit nur eine kleine Wasserstelle gab, deren Wasser nicht einmal für eine Oase reichte, brauchte der Löwe sich dort nur gegen Abend auf die Lauer zu legen. Immer kam irgendein durstiges Tier, das er schlagen und fressen konnte. Eines Abends aber kamen zu gleicher Zeit drei Tiere zur Wasserstelle, ein Wüstenfuchs, ein Schakal und eine Gazelle. Da alle drei dem Löwen gleich gut schmeckten, trat er einfach vor sie hin und

sagte: »Wenn ich euch hetze, wird jeder von euch am Ende meine Beute. Deshalb gebe ich euch die Möglichkeit, euch zu retten. Erzählt mir jeder eine Lügengeschichte. Wer am schlechtesten lügt, wird gefressen. Fange du an, Wüstenfuchs.«
Der Wüstenfuchs, der wie die beiden anderen Tiere einsah, daß er bei einer Hetzjagd diesem Löwen nicht gewachsen war, seufzte und fragte: »Kennst du die Geschichte vom Wüstenfloh und dem Kamel?«
»Nein«, sagte der Löwe. »Erzähle.«
Da begann der Wüstenfuchs:
»Einst ritt ein Kamel auf einem Wüstenfloh von hier nach Sidi Ifni. Als sie an eine große Wasserstelle kamen, sagte das Kamel zum Floh: Trinke du zuerst, damit du Kraft hast, mich weiterzutragen.
Also hockte der Floh sich an den Rand der Wasserstelle und trank alles Wasser bis auf den letzten Tropfen aus. Das Kamel konnte sich nicht einmal mehr die Zunge

befeuchten. Es kam so von Kräften, daß es beim Weiterritt vor Durst starb.
Nun fraß der Wüstenfloh das Kamel auf. Seitdem lebt der Floh als freies Tier in der Wüste und ist niemandem mehr dienstbar.«
»Nicht übel, diese Lügengeschichte«, röhrte der Löwe. »Nun lüge du besser, wenn du kannst, Schakal.«
Der Schakal, der wußte, daß der Löwe noch nie das Meer gesehen hatte, fragte: »Hast du schon einmal von den Leuten gehört, die mitten in einer Wasserstelle verdurstet sind?«
»Nein«, sagte der Löwe. »Erzähle.«
Da erzählte der Schakal:
»Es gibt eine Wasserstelle, die so groß ist, daß man Monate braucht, um sie zu durchschwimmen. Ozean wird sie genannt. Auf dieser Wasserstelle schwimmen eiserne Häuser, die man Schiffe nennt. Auf ihnen fahren Menschen von einem Rand der Wasserstelle bis zum anderen. Einmal

kam der große Wind, der im Wasser solche Wellen warf, daß ein Schiff mit vielen Menschen nicht an Land kommen konnte. Zwei volle Wochen lang mußten die Leute auf dem Schiff im Wasser bleiben, und dabei verdursteten sie einer nach dem anderen, weil das Wasser des Ozeans so salzig ist, daß man es nicht trinken kann.«
»Oho«, brüllte der Löwe, »das ist die tollste Lügengeschichte, die ich je gehört habe.«
Er lachte dabei so dröhnend, daß eine Hyäne, die eine halbe Tagesreise entfernt war, vor Schreck zusammenzuckte.
»Nun lüg du noch besser, Gazelle!« rief der Löwe. »Sonst wirst du mein Abendessen sein.«
Die Gazelle, ein Tier, das weit herumgekommen war, zischte dem Wüstenfuchs aus einem Mundwinkel zu: »Hau heimlich ab, wenn der Löwe meiner Geschichte lauscht.« Dann fragte sie, ob er wisse, warum am Anfang des Jahres so viele Krähen in die Wüste kämen.

»Nein«, sagte der Löwe. »Erzähle.«
Da erzählte die Gazelle:
»Im Norden liegt ein Land, in dem es um die Jahreswende bitter kalt ist. Dann fällt ein feuchtes Mehl vom Himmel, das man Schnee nennt. Aus diesem Schnee formen die Kinder des Nordens Männer, die sie Schneemänner nennen.
Wird es nun wärmer im Norden, dann fällt kein Schnee mehr, und die Schneemänner müssen schmelzen. Deshalb bitten sie alle Jahre die Krähen, nach Süden zu fliegen und die Sonne in ihrem Weg nach Norden aufzuhalten. Dafür schenken die Schneemänner den Krähen ihre Nasen, die wohlschmeckende Rüben sind.«
Tatsächlich fliegen die Krähen alljährlich südwärts zu uns in die Wüste. Aber sie können die Sonne in ihrem Lauf nicht aufhalten. Daher kommt es, daß die Schneemänner in jedem Frühjahr schmelzen.
»Potz, Geier, Sand und Wüstenwind!« dröhnte der Löwe. »Das ist die allertollste

Lügengeschichte, die ich je in meinem Leben gehört habe. Schmelzende Mehlmänner. Wer hat so was schon gehört?«
»Schneemänner«, verbesserte die Gazelle.
»Schnee oder Mehl: Gut gelogen bleibt gut gelogen«, sagte der Löwe. »Und nun fresse ich den Wüstenfuchs. Er hat am kümmerlichsten gelogen.«
Aber als der Löwe sich nach dem Wüstenfuchs umsah, war der verschwunden.
Da lachte der Löwe, der ein guter Verlierer war, und sagte: »Ich wollte schlau sein; aber der Wüstenfuchs war schlauer. Lebt wohl, und bestellt dem Wüstenfuchs, bei unserer nächsten Begegnung rettet ihn auch keine Lügengeschichte.«

Die Legende von der Himmelsschnecke

Hört mit Staunen von der großen
Himmelsschnecke dieses Lied,
die auf weißer Wolkenwatte
langsam, langsam weiterzieht.

In dem Riesenschneckenhause,
das schon oft an Sterne stieß,
trägt die Schnecke alle Tiere
an das Tor zum Paradies.

Doch so langsam ist die Schnecke,
deren Haus von Stimmen summt,
daß sie alle hundert Jahre
nur drei Handbreit vorwärtskummt.

Niemand weiß, wann diese Arche,
die von tausend Stimmen schwirrt,
endlich vor dem goldnen Tore
ihre Fahrt beenden wird.

Aber in dem Schneckenhause,
unter Huf- und Flügelschlag,
spricht man nur von diesem einen
unerhörten großen Tag.

Von des Schneckenhauses Spitze
schaut der Adler, der dort sitzt,
unermüdlich, ob von ferne
nicht ein Schein von Gold aufblitzt.

Unter ihm die sieben Eulen
gucken sich die Sterne an,
hoffend, daß man aus den Sternen
Tag und Ankunft lesen kann.

Abermals ein Stockwerk tiefer
pfeifen Fledermäuse schrill,
weil die Fledermaus am Tore
ihnen Antwort geben will.

In der Mitte des Gehäuses
trägt Franziskus fromm und fein
alles, was die Tiere melden,
in das Himmels-Logbuch ein.

Mit gespitzten Ohren halten
unter ihm die Füchse Wacht,
ob ein ferner Ton von Harfen
ihre Lauscher zittern macht.

Nur dem Faultier, das ein Stockwerk
tiefer liegt, ist's einerlei;
denn es hofft, behaglich gähnend,
daß die Reise endlos sei.

Auch die Fische, die am Grunde
fröhlich schwimmen, wünschen nichts,
als in Ewigkeit zu schwimmen
bis zum Tage des Gerichts.

Alle andern Tiere aber
öffnen Auge, Mund und Ohr
für den Tag der Herrlichkeiten,
für die Ankunft vor dem Tor.

Und so zieht die große Schnecke,
die schon tausend Jahre kroch,
weiter über weiße Wolken,
niemand weiß, wie lange noch.

Illustration: Quentin Blake

Band 80018

Band 80036

Band 80038